国家创新型城市
创新能力监测报告

2022

中华人民共和国科学技术部 编

科学技术文献出版社
SCIENTIFIC AND TECHNICAL DOCUMENTATION PRESS
·北 京·

图书在版编目（CIP）数据

国家创新型城市创新能力监测报告. 2022 / 中华人民共和国科学技术部编. —北京：科学技术文献出版社，2023.1

ISBN 978-7-5189-1288-9

Ⅰ. ①国… Ⅱ. ①中… Ⅲ. ①城市经济—国家创新系统—研究报告—中国—2022 Ⅳ. ① F299. 22

中国国家版本馆 CIP 数据核字（2023）第 010632 号

国家创新型城市创新能力监测报告 2022

策划编辑：周国臻　　责任编辑：李　晴　　责任校对：张永霞　　责任出版：张志平

出 版 者　科学技术文献出版社
地　　址　北京市复兴路 15 号　邮编　100038
编 务 部　（010）58882938，58882087（传真）
发 行 部　（010）58882868，58882870（传真）
邮 购 部　（010）58882873
官方网址　www.stdp.com.cn
发 行 者　科学技术文献出版社发行　全国各地新华书店经销
印 刷 者　北京地大彩印有限公司
版　　次　2023 年 1 月第 1 版　2023 年 1 月第 1 次印刷
开　　本　889×1194　1/16
字　　数　232 千
印　　张　16
书　　号　ISBN 978-7-5189-1288-9
定　　价　98.00 元

《国家创新型城市创新能力监测报告 2022》

编辑委员会及编辑人员

前 言

从党的十八大报告提出“实施创新驱动发展战略”、十八届五中全会把“创新”放在“五大发展理念”之首、党的十九大提出“创新是引领发展的第一动力”，十九届五中全会提出“坚持创新在我国现代化建设全局中的核心地位”，到党的二十大报告对完善科技创新体系、加快实施创新驱动发展战略做出专门部署，创新在我国经济社会发展中的作用愈加突出。区域创新发展既是区域高质量发展和协调发展的内在要求，也是新形势下应对激烈国际竞争、构建新发展格局的迫切需求。城市作为创新资源的集聚地和创新活动的主阵地，是区域创新发展的关键节点，在落实创新驱动发展战略、国家区域发展战略、中国式现代化中发挥着举足轻重的作用。为发挥各地在创新发展中的积极性和主动性，加快提高自主创新能力，形成国家科技创新合力，2010 年，科技部启动创新型城市工作，选取部分创新基础良好、优势特色突出、区域辐射作用明显的城市开展创新型城市试点，印发《关于进一步推进创新型城市试点工作的指导意见》。

2016 年，习近平总书记在“科技三会”上强调要“尊重科技创新的区域集聚规律，因地制宜探索差异化的创新发展路径，加快打造具有全球影响力的科技创新中心，建设若干具有强大带动力的创新型城市和区域创新中心”。科技部会同有关部门积极贯彻落实习近平总书记讲话精神，于同年 12 月联合印发《建设创新型城市工作指引》（国科发创〔2016〕370 号），对创新型城市建设做出系统部署。随后，科技部加大布局建设力度，会同有关部门于 2018 年支持新一批 17 个城市开展创新型城市建设，又于 2022 年支持了 25 个城市开展创新型城市建设。截至目前，先后共支持 103 个城市建设国家创新型城市，其中包括 97 个地级市，北京市海淀区、上海市杨浦区、天津市滨海新区、重庆市沙坪坝区 4 个直辖市城区，以及昌吉市、石河子市 2 个县级市。

2013 年以来，科技部、国家统计局会同有关部门，按照党中央、国务院关于“建立全国创新调查制度”的要求，逐步开展了国家、区域、典型创新密集区等创新能力的监测评价工作，并陆续发布了国家、区域、国家高新区等一批创新监测报告和评价报告。组织开展国家创新型城市创新能力监测是《建立国家创新调查制度工作方案》确定的一项重要任务。国家创新型城市创新能力监测指标体系以习近平总书记“创新是引领发展的第一动力”这一论断为核心，以《建设创新型城市工作指引》中提出的建设创新型城市指标体系为基础，划分为 5 个维度，既体现创新型城市建设的共性要求（创新治理力、创新驱动力），又体现不同创新能级城市的主体创新功能（原始创新力、技术创新力、成果转化力），具体监测指标基本囊括了城市科技创新和科技支撑经济社会高质量发展的主要指标。

《国家创新型城市创新能力监测报告 2022》主要包括 6 个部分内容。一是国家创新型城市创新能力监测指标体系介绍；二是国家创新型城市整体创新能力监测；三是国家创新型城市创新能力按维度监测，即按创新治理力、原始创新力、技术创新力、成果转化力和创新驱动力 5 个维度的监测；四是国家创新型城市创新能力按城市监测；五是指标解释和数据来源说明；六是国家创新型城市名单。本报告主要以 2019 年及 2020 年的统计（调查）数据为研究对象，监测了 97 个创新型城市的创新能力。

需要说明的是，城市创新发展是一个动态的、不断演进的过程，城市创新能力监测也需要与时俱进。我们将持续跟踪国内外城市创新发展的态势，不断调整完善监测指标体系，拓展新的数据来源渠道，致力于打造城市创新发展的数据平台，为科技强国建设提供强有力的支撑。

在《国家创新型城市创新能力监测报告》的编制过程中，得到来自各方领导和专家的协助，在此，衷心感谢中国科学技术信息研究所、国家统计局、科学技术部火炬高技术产业开发中心、中国科学技术发展战略研究院、中国科学院科技战略咨询研究院等单位有关专家的支持。

《国家创新型城市创新能力监测报告》编写组

2022 年 12 月

目　录

一、国家创新型城市创新能力监测指标体系介绍

（一）作用意义

从国家层面上看，创新能力监测的任务是基于政府统计调查，系统发布能够客观反映国家、各区域创新活动特征的数据。创新型城市是创新环境良好、创新资源丰富、创新活动活跃，科技创新成为经济社会高质量发展的核心驱动力，在高水平科技自立自强和中国式现代化建设进程中发挥引领示范作用的城市。对创新型城市创新能力的监测可为政府部门、研究机构和社会公众打造来源可靠、分析科学、使用便捷的数据平台，更为国家创新驱动发展战略和改革发展部署的实施提供有价值的参考。

从区域层面上看，国家创新型城市创新能力监测指标为各城市加快创新发展发挥重要的定靶子、瞄方向、指挥棒的引导作用。各城市在创新能力监测指标的基础上，一方面，能够更好地挖掘和分析其在国家创新型城市序列中的优势和劣势，找准自身发展的创新特色，探索各具特色的创新发展路径；另一方面，各城市也可以参考国家创新型城市创新能力监测指标，结合自身特点和发展重点，建立符合各城市需要的创新能力监测指标体系，对城市的创新发展进行动态监测。

（二）设计原则

为了科学、客观地为国家创新型城市创新能力监测和评价提供数据支撑，监测指标的建立遵循以下原则。

（1）规范

监测指标均为纳入政府统计调查制度、采用国家或部门统计标准的统计指标。统计口径和计算方法符合统计规范。

（2）权威

监测指标所涉及的基础数据均来源于权威机构、政府统计公开出版物等，为社会各界提供可靠的数据来源。

（三）指标体系

国家创新型城市创新能力监测指标体系以习近平总书记“创新是引领发展的第一动力”这一论断为核心，以《建设创新型城市工作指引》（国科发创〔2016〕370 号）中的指标体系为基础，构建了包含创新治理力、原始创新力、技术创新力、成果转化力和创新驱动力 5 个一级指标（即 5 个维度）、36 个二级指标的监测指标体系（图 1-1）。

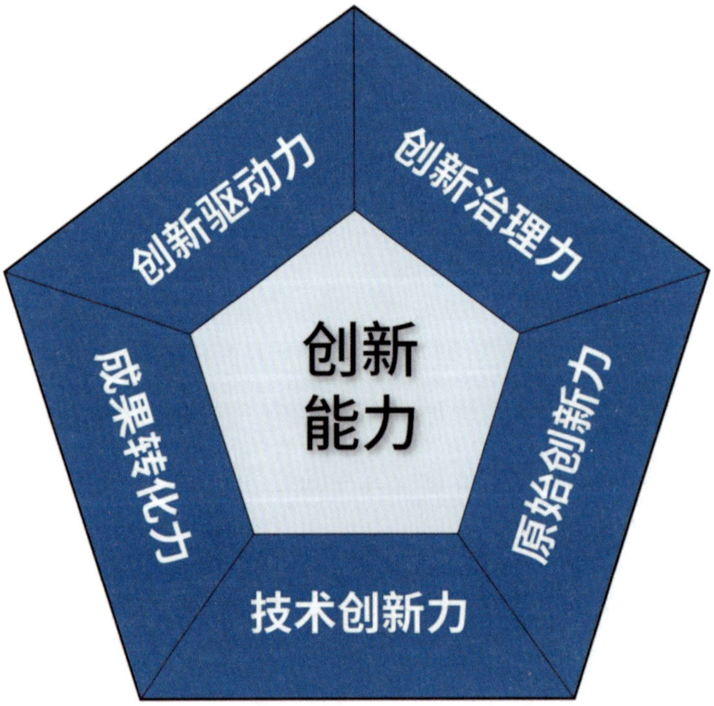

图 1-1　国家创新型城市创新能力监测基本框架

在 5 个维度中，创新治理力反映城市创新创业生态环境，引导城市转变科技管理职能，深化科技体制改革，形成支持全面创新的基础制度，加快集聚资金、人才等创新资源；原始创新力反映城市产出重大原创性科技成果的能力，引导城市强化战略科技力量，加强原创性、引领性科技攻关，抢占科技制高点；技术创新力反映城市改进或创造新技术的能力，引导城市强化企业创新主体地位，提供高质量技术供给；成果转化力反映城市推动科技成果向现实生产力转化的能力，引导城市完善创新创业服务，加快科技成果熟化、中试和孵化，促进科技成果转化；创新驱动力反映科技创新对经济社会发展的支撑引领能力，引导城市强化科技赋能，推动高质量发展。其中，创新治理力和创新驱动力（创新支撑经济转型升级，以及协调、绿色、开放、共享发展）作为创新型城市建设的统一、共性要求；原始创新力、技术创新力和成果转化力分别体现不同创新能级城市的主体创新功能，引导城市探索各具特色的创新发展道路。

创新治理力选取了全社会研发经费支出与地区生产总值之比、财政科技支出占公共财政支出比重、人均实际使用外资额等重要指标，原始创新力选取了基础研究经费占研发经费比重、“双一流”建设学科数、国家级科技成果奖数等重要指标，技术创新力选取了规上工业企业研发经费支出与营业收入之比、高新技术企业数、万人发明专利拥有量、技术输出合同成交额与地区生产总值之比等重要指标，成果转化力选取了技术输入合同成交额与地区生产总值之比、高新技术企业营业收入与规上工业企业营业收入之比、规上工业企业新产品销售收入与营业收入之比等重要指标，创新驱动力选取了人均地区生产总值、城乡居民人均可支配收入之比、单位地区生产总值能耗等重要指标。

在遵循评价结果动态可比的原则下，本报告根据党的二十大精神、政府统计制度的变化、数据可获得性等最新情况，对部分指标进行了调整。一是删除“常住人口增长率”“万人专利申请量”“中央级普通高校数”“科技型中小企业数”等指标；二是增加“‘双一流’建设学科数”“北交所主板上市企业数”；三是调整“全社会研发经费支出与地区生产总值之比”等指标在 5 个维度中的位置。

国家创新型城市创新能力监测指标体系（1）

一级指标	二级指标
创新治理力	全社会研发经费支出（亿元）
	全社会研发经费支出与地区生产总值之比（%）
	财政科技支出（亿元）
	财政科技支出占公共财政支出比重（%）
	万名就业人员中研发人员（人年/万人）
	普通高校在校学生数（万人）
	万人普通高校在校学生数（人/万人）
	实际使用外资额（万美元）
	人均实际使用外资额（美元/人）
原始创新力	基础研究经费（亿元）
	基础研究经费占研发经费比重（%）
	“双一流”建设学科数（个）
	国家级科技成果奖数（项当量）
技术创新力	规上工业企业研发经费支出（亿元）
	规上工业企业研发经费支出与营业收入之比（%）
	科创板上市企业数（家）
	北交所主板上市企业数（家）
	高新技术企业数（家）

国家创新型城市创新能力监测指标体系（2）

一级指标	二级指标
技术创新力	发明专利拥有量（件）
	万人发明专利拥有量（件/万人）
	技术输出合同成交额（亿元）
	技术输出合同成交额与地区生产总值之比（%）
成果转化力	技术输入合同成交额（亿元）
	技术输入合同成交额与地区生产总值之比（%）
	国家级科技企业孵化器、大学科技园、双创示范基地数（个）
	国家级科技企业孵化器、大学科技园新增在孵企业数（家）
	高新技术企业营业收入与规上工业企业营业收入之比（%）
	规上工业企业新产品销售收入与营业收入之比（%）
	国家高新区营业收入（亿元）
	国家高新区营业收入与地区生产总值之比（%）
创新驱动力	地区生产总值（亿元）
	人均地区生产总值（万元/人）
	城乡居民人均可支配收入之比
	单位地区生产总值能耗（吨标准煤/万元）
	PM2.5 年平均浓度（微克/立方米）
	居民人均可支配收入（万元/人）

二、国家创新型城市整体创新能力监测

97 个国家创新型城市整体创新能力监测（1）

指标名称	2019 年	2020 年
全社会研发经费支出（亿元）	14171.50	15775.43
全社会研发经费支出与地区生产总值之比（%）	2.57	2.77
财政科技支出（亿元）	3394.36	3170.90
财政科技支出占公共财政支出比重（%）	4.47	4.04
万名就业人员中研发人员（人年/万人）	91.24	98.65
普通高校在校学生数（万人）	2115.60	2274.18
万人普通高校在校学生数（人/万人）	364	363
实际使用外资额（万美元）	16521571	15426988
人均实际使用外资额（美元/人）	284.23	246.37
基础研究经费（亿元）	674.70	730.10
基础研究经费占研发经费比重（%）	4.76	4.63
“双一流”建设学科数（个）	224	252
国家级科技成果奖数（项当量）	2071.33	1747.33
规上工业企业研发经费支出（亿元）	9795.93	10607.07
规上工业企业研发经费支出与营业收入之比（%）	1.60	1.69
科创板上市企业数（家）	217	304

97 个国家创新型城市整体创新能力监测（2）

指标名称	2019 年	2020 年
北交所主板上市企业数（家）	—	75
高新技术企业数（家）	140765	177051
发明专利拥有量（件）	1202541	1454403
万人发明专利拥有量（件/万人）	20.69	23.23
技术输出合同成交额（亿元）	12270.18	16042.35
技术输出合同成交额与地区生产总值之比（%）	2.23	2.81
技术输入合同成交额（亿元）	12270.54	15866.22
技术输入合同成交额与地区生产总值之比（%）	2.23	2.78
国家级科技企业孵化器、大学科技园、双创示范基地数（个）	2218	2653
国家级科技企业孵化器、大学科技园新增在孵企业数（家）	18635	19299
高新技术企业营业收入与规上工业企业营业收入之比（%）	46.33	51.36
规上工业企业新产品销售收入与营业收入之比（%）	24.37	26.92
国家高新区营业收入（亿元）	240323.76	263164.17
国家高新区营业收入与地区生产总值之比（%）	43.66	46.16
地区生产总值（亿元）	550496.09	570120.26
人均地区生产总值（万元/人）	9.47	9.10
单位地区生产总值能耗（吨标准煤/万元）	0.41	0.41
PM2.5 年平均浓度（微克/立方米）	41	36

注：①由于 4 个直辖市城区及 2 个县级市数据无法获取，此处仅监测 97 个创新型城市整体情况；科创板上市企业数 2019 年、2020 年实际采用截至 2021 年 8 月、2022 年 9 月的数据，北交所于 2021 年 9 月 3 日注册成立，因此北交所主板上市企业数 2020 年实际采集的是截至 2022 年 9 月的数据，下同；相比往年报告，根据新的实际情况，如果个别数据有调整，以最新的报告为准，下同。

②对于 97 个国家创新型城市整体的城乡居民人均可支配收入之比、居民人均可支配收入等指标，由于整体数据无法获取等原因在此处未列入。

三、国家创新型城市创新能力按维度监测

创新治理力（1）

城市	全社会研发经费支出（亿元）	全社会研发经费支出与地区生产总值之比（%）	财政科技支出（亿元）	财政科技支出占公共财政支出比重（%）	万名就业人员中研发人员（人年/万人）
石家庄市	123.55	2.08	15.28	1.34	43.16
唐山市	159.00	2.20	12.34	1.33	51.88
秦皇岛市	24.51	1.45	2.21	0.65	41.96
邯郸市	68.75	1.89	6.99	0.89	25.46
保定市	78.81	1.99	5.04	0.41	38.95
南京市	515.66	3.48	100.86	5.75	233.44
无锡市	389.42	3.15	48.92	4.03	192.80
徐州市	130.73	1.79	21.43	2.24	67.67
常州市	256.06	3.28	21.87	3.01	204.50
苏州市	761.59	3.78	216.28	9.56	196.65
南通市	256.43	2.56	41.04	3.80	116.59
连云港市	73.36	2.24	8.34	1.66	31.23
淮安市	69.88	1.74	8.37	1.47	47.03
盐城市	123.65	2.08	26.75	2.75	67.53
扬州市	129.13	2.13	12.47	1.87	105.51
镇江市	97.57	2.31	16.53	3.31	139.35
泰州市	138.50	2.61	11.53	1.84	84.26
宿迁市	59.57	1.83	15.82	2.68	34.82
杭州市	578.79	3.59	144.33	6.97	199.66
宁波市	354.84	2.86	112.59	6.46	182.21
温州市	157.73	2.30	27.77	2.70	116.91
嘉兴市	182.53	3.31	34.01	4.78	162.45
湖州市	98.82	3.09	19.51	4.03	160.35
绍兴市	167.98	2.80	30.72	4.60	163.99
金华市	94.51	2.01	20.44	2.91	113.93

创新治理力（2）

城市	全社会研发经费支出（亿元）	全社会研发经费支出与地区生产总值之比（%）	财政科技支出（亿元）	财政科技支出占公共财政支出比重（%）	万名就业人员中研发人员（人年/万人）
台州市	119.00	2.26	17.53	2.50	122.78
福州市	225.47	2.25	43.29	4.55	116.61
厦门市	196.84	3.08	41.22	4.22	146.46
泉州市	142.08	1.40	17.95	2.51	65.16
龙岩市	60.47	2.11	8.82	2.65	68.04
济南市	265.46	2.62	39.65	3.08	114.48
青岛市	300.88	2.43	46.85	2.96	117.94
淄博市	102.64	2.79	10.52	2.01	98.26
东营市	75.76	2.54	5.83	1.87	86.77
烟台市	143.53	1.84	29.89	3.54	76.58
潍坊市	127.64	2.17	22.51	2.83	58.39
济宁市	66.69	1.48	7.83	1.13	47.40
威海市	71.31	2.36	7.25	2.07	83.79
日照市	62.01	3.09	8.99	3.14	48.30
临沂市	96.85	2.02	8.55	1.08	24.86
德州市	98.91	3.21	9.37	1.95	46.13
广州市	774.84	3.10	224.13	7.59	138.50
深圳市	1510.81	5.46	336.63	8.06	267.57
汕头市	28.40	1.04	5.49	1.28	44.44
佛山市	288.56	2.67	101.56	10.12	135.67
东莞市	342.09	3.54	34.19	4.07	151.66
海口市	15.34	0.86	2.54	0.83	47.72
沈阳市	192.93	2.94	22.57	2.10	82.45
大连市	207.15	2.95	23.02	2.30	127.63

创新治理力（3）

城市	全社会研发经费支出（亿元）	全社会研发经费支出与地区生产总值之比（%）	财政科技支出（亿元）	财政科技支出占公共财政支出比重（%）	万名就业人员中研发人员（人年/万人）
营口市	24.47	1.85	0.77	0.29	28.20
长春市	135.63	2.04	18.55	1.71	103.83
吉林市	6.35	0.44	1.24	0.28	45.23
哈尔滨市	118.71	2.29	12.69	1.09	94.10
太原市	91.10	2.19	34.83	5.38	111.62
长治市	16.50	0.96	2.36	0.59	25.30
合肥市	353.48	3.52	163.33	14.03	144.58
芜湖市	125.28	3.34	54.49	11.22	132.12
蚌埠市	52.42	2.52	17.61	5.40	74.89
马鞍山市	70.76	3.24	12.03	4.54	104.24
铜陵市	33.09	3.30	10.31	5.65	91.27
滁州市	53.21	1.75	15.20	3.28	59.50
南昌市	111.77	1.95	37.22	4.44	64.83
景德镇市	21.01	2.20	5.15	2.18	63.58
萍乡市	14.73	1.53	7.90	2.81	86.06
新余市	16.81	1.68	3.14	1.91	69.34
郑州市	276.67	2.31	69.07	4.02	111.92
洛阳市	143.47	2.80	27.16	3.94	86.98
新乡市	66.91	2.22	10.09	2.13	46.34
南阳市	44.61	1.14	14.14	1.90	22.23
武汉市	548.05	3.51	152.67	6.34	141.74
黄石市	33.02	2.01	5.91	2.06	54.21
宜昌市	111.68	2.62	15.11	2.56	105.72
襄阳市	87.86	1.91	20.50	3.06	54.75

创新治理力（4）

城市	全社会研发经费支出（亿元）	全社会研发经费支出与地区生产总值之比（%）	财政科技支出（亿元）	财政科技支出占公共财政支出比重（%）	万名就业人员中研发人员（人年/万人）
荆门市	32.40	1.70	9.47	3.03	66.74
长沙市	357.52	2.94	55.45	3.69	138.82
株洲市	101.54	3.27	36.40	7.75	92.05
湘潭市	59.17	2.53	17.33	5.91	120.79
衡阳市	63.43	1.81	11.55	2.00	43.90
呼和浩特市	46.82	1.67	4.53	1.03	44.96
包头市	56.94	2.04	4.16	1.10	75.89
南宁市	50.11	1.06	13.22	1.61	44.37
柳州市	56.80	1.79	4.29	0.91	39.92
成都市	551.40	3.11	109.64	5.08	88.79
德阳市	76.95	3.20	4.29	1.39	57.98
绵阳市	215.04	7.14	8.07	1.81	104.71
贵阳市	74.07	1.72	25.73	3.79	60.33
遵义市	19.14	0.51	10.88	1.44	11.62
昆明市	120.86	1.79	16.88	1.93	65.31
玉溪市	23.41	1.14	9.77	3.24	36.00
拉萨市	0.39	0.06	2.63	0.75	50.44
西安市	506.06	5.05	23.27	1.73	138.68
宝鸡市	29.78	1.31	5.41	1.49	45.52
汉中市	22.32	1.40	2.74	0.74	21.23
兰州市	61.21	2.12	7.61	1.56	70.97
西宁市	16.39	1.19	2.29	0.70	26.85
银川市	31.62	1.61	6.45	1.94	67.40
乌鲁木齐市	37.44	1.12	9.73	1.81	9.26

创新治理力（5）

城市	普通高校在校学生数（万人）	万人普通高校在校学生数（人/万人）	实际使用外资额（万美元）	人均实际使用外资额（美元/人）
石家庄市	58.35	519	184793	164.39
唐山市	16.57	215	194548	252.05
秦皇岛市	9.69	309	132328	421.45
邯郸市	7.93	84	134462	142.82
保定市	20.17	175	113576	98.37
南京市	91.81	985	451500	484.46
无锡市	13.32	178	362100	485.13
徐州市	14.59	161	220100	242.30
常州市	14.50	275	287800	545.12
苏州市	26.32	206	554000	434.52
南通市	12.51	162	271200	350.93
连云港市	5.40	117	67600	146.92
淮安市	4.92	108	105900	232.28
盐城市	7.21	107	101200	150.81
扬州市	9.92	217	147000	322.30
镇江市	9.33	291	78800	245.41
泰州市	6.88	152	165000	365.30
宿迁市	2.84	57	55600	111.46
杭州市	46.60	389	720163	601.89
宁波市	16.83	179	246777	261.97
温州市	12.07	126	32718	34.13
嘉兴市	7.63	141	264655	489.11
湖州市	3.38	100	121044	358.97
绍兴市	11.67	221	72139	136.34
金华市	10.46	148	32533	46.07

创新治理力（6）

城市	普通高校在校学生数（万人）	万人普通高校在校学生数（人/万人）	实际使用外资额（万美元）	人均实际使用外资额（美元/人）
台州市	4.00	60	36317	54.80
福州市	36.37	437	101007	121.40
厦门市	16.93	327	241030	465.31
泉州市	17.45	198	66339	75.47
龙岩市	2.51	92	3886	14.23
济南市	68.79	744	192456	208.25
青岛市	43.07	426	585297	579.18
淄博市	12.27	261	37812	80.36
东营市	3.66	167	44493	202.84
烟台市	24.29	342	228263	321.33
潍坊市	21.90	233	108326	115.32
济宁市	13.54	162	81239	97.17
威海市	10.93	375	135822	466.61
日照市	3.66	123	46664	157.03
临沂市	11.14	101	93156	84.49
德州市	7.25	129	26584	47.36
广州市	130.71	698	715782	381.95
深圳市	11.00	62	863225	489.53
汕头市	3.04	55	3116	5.66
佛山市	14.63	154	66572	69.94
东莞市	13.45	128	115447	110.12
海口市	15.65	542	172346	597.06
沈阳市	44.01	485	71376	78.67
大连市	32.57	437	64790	86.92

创新治理力（7）

城市	普通高校在校学生数（万人）	万人普通高校在校学生数（人/万人）	实际使用外资额（万美元）	人均实际使用外资额（美元/人）
营口市	2.96	127	3608	15.49
长春市	48.30	533	38000	41.91
吉林市	11.64	321	3877	10.70
哈尔滨市	59.19	591	34149	34.11
太原市	48.22	907	10199	19.18
长治市	4.33	136	41262	129.76
合肥市	58.62	625	359500	383.53
芜湖市	14.87	408	303680	832.96
蚌埠市	6.91	209	120499	365.41
马鞍山市	6.62	306	281478	1302.72
铜陵市	3.80	289	43406	330.79
滁州市	6.01	151	159666	400.32
南昌市	68.79	1100	406000	649.00
景德镇市	2.58	159	25100	155.01
萍乡市	4.08	226	6562	36.36
新余市	5.00	416	54348	451.88
郑州市	116.03	920	465851	369.23
洛阳市	14.06	199	309483	438.42
新乡市	18.16	290	131875	210.83
南阳市	11.13	115	68814	70.83
武汉市	106.72	857	161868	130.04
黄石市	5.43	220	19874	80.51
宜昌市	6.11	153	14492	36.29
襄阳市	7.24	138	83111	157.97

创新治理力（8）

城市	普通高校 在校学生数 （万人）	万人普通高校 在校学生数 （人/万人）	实际使用外资额 （万美元）	人均 实际使用外资额 （美元/人）
荆门市	2.28	90	12508	49.30
长沙市	69.74	693	728165	723.76
株洲市	11.07	284	178932	458.44
湘潭市	15.36	563	180182	661.10
衡阳市	13.88	209	181503	273.26
呼和浩特市	24.86	720	36922	106.89
包头市	8.67	320	12792	47.20
南宁市	56.88	650	44023	50.30
柳州市	10.34	248	7137	17.14
成都市	92.71	443	730979	348.97
德阳市	13.24	383	33180	95.98
绵阳市	15.25	313	2954	6.06
贵阳市	44.02	735	29301	48.92
遵义市	10.93	166	106	0.16
昆明市	69.80	825	66200	78.22
玉溪市	2.13	95	200	0.89
拉萨市	2.27	260	0	0
西安市	78.39	605	767702	592.36
宝鸡市	4.64	140	12916	38.90
汉中市	4.03	126	7912	24.65
兰州市	39.09	894	6293	14.39
西宁市	8.34	338	205	0.83
银川市	11.99	419	8306	29.02
乌鲁木齐市	23.76	586	12986	32.03

原始创新力（1）

城市	基础研究经费（亿元）	基础研究经费占研发经费比重（%）	“双一流”建设学科数（个）	国家级科技成果奖数（项当量）
石家庄市	3.66	2.96	0	27.40
唐山市	0.62	0.39	0	6.01
秦皇岛市	2.24	9.14	0	17.44
邯郸市	0.46	0.66	0	0
保定市	2.07	2.63	0	2.42
南京市	52.39	10.16	43	125.57
无锡市	1.83	0.47	2	37.27
徐州市	3.60	2.75	2	22.10
常州市	0.37	0.14	0	6.79
苏州市	7.19	0.94	1	15.71
南通市	0.96	0.38	0	2.36
连云港市	0.11	0.15	0	0.69
淮安市	0.45	0.65	0	0
盐城市	0.80	0.65	0	1.31
扬州市	1.53	1.18	0	2.38
镇江市	2.91	2.98	0	7.23
泰州市	0.20	0.14	0	1.04
宿迁市	0.04	0.07	0	0
杭州市	34.03	5.88	22	200.87
宁波市	4.84	1.36	1	18.53
温州市	4.90	3.11	0	13.38
嘉兴市	0.70	0.39	0	5.98
湖州市	0.59	0.60	0	0
绍兴市	0.41	0.25	0	2.42
金华市	1.52	1.61	0	0

原始创新力（2）

城市	基础研究经费（亿元）	基础研究经费占研发经费比重（%）	"双一流"建设学科数（个）	国家级科技成果奖数（项当量）
台州市	0.31	0.26	0	5.00
福州市	8.75	3.88	1	7.20
厦门市	9.74	4.95	6	15.00
泉州市	0.78	0.55	0	3.13
龙岩市	0.23	0.37	0	0
济南市	18.45	6.95	4	62.40
青岛市	18.33	6.09	4	50.05
淄博市	1.61	1.56	0	0
东营市	1.09	1.44	0	19.58
烟台市	2.73	1.90	0	11.40
潍坊市	1.14	0.89	0	7.24
济宁市	1.28	1.92	0	6.41
威海市	0.20	0.27	0	9.93
日照市	0.18	0.29	0	0
临沂市	1.22	1.26	0	0
德州市	0.53	0.54	0	0.69
广州市	98.95	12.77	20	63.25
深圳市	52.70	3.49	1	62.70
汕头市	2.00	7.04	0	0
佛山市	3.18	1.10	0	0.69
东莞市	1.01	0.29	0	3.73
海口市	3.75	24.43	1	0
沈阳市	12.20	6.32	3	83.64
大连市	16.51	7.97	4	77.99

原始创新力（3）

城市	基础研究经费（亿元）	基础研究经费占研发经费比重（%）	“双一流”建设学科数（个）	国家级科技成果奖数（项当量）
营口市	0.04	0.18	0	0
长春市	23.60	17.40	12	26.77
吉林市	1.10	17.28	0	0
哈尔滨市	21.21	17.87	12	48.47
太原市	7.74	8.50	3	39.76
长治市	0.06	0.39	0	1.83
合肥市	48.35	13.68	13	63.48
芜湖市	2.13	1.70	0	0
蚌埠市	2.86	5.45	0	0
马鞍山市	0.44	0.62	0	1.04
铜陵市	0.15	0.46	0	0
滁州市	1.05	1.97	0	0
南昌市	10.22	9.14	1	6.54
景德镇市	0.31	1.48	0	0
萍乡市	0.17	1.14	0	0
新余市	0.15	0.89	0	0
郑州市	8.20	2.96	3	31.12
洛阳市	1.16	0.81	0	9.69
新乡市	2.35	3.52	0	0
南阳市	0.18	0.40	0	0
武汉市	32.18	5.87	32	140.54
黄石市	0.10	0.29	0	0
宜昌市	0.39	0.35	0	0
襄阳市	0.18	0.20	0	0.69

原始创新力（4）

城市	基础研究经费（亿元）	基础研究经费占研发经费比重（%）	“双一流”建设学科数（个）	国家级科技成果奖数（项当量）
荆门市	0.03	0.08	0	0.48
长沙市	19.01	5.32	14	74.24
株洲市	0.43	0.43	0	1.54
湘潭市	1.71	2.90	1	0
衡阳市	4.25	6.70	0	0
呼和浩特市	2.16	4.61	1	5.47
包头市	0.14	0.24	0	0
南宁市	6.68	13.33	1	1.27
柳州市	0.23	0.41	0	0.98
成都市	42.32	7.67	13	83.58
德阳市	2.30	2.99	0	0
绵阳市	7.97	3.71	0	0
贵阳市	9.77	13.20	1	11.20
遵义市	1.39	7.27	0	0
昆明市	20.91	17.30	2	21.19
玉溪市	0.29	1.22	0	0
拉萨市	0.06	15.50	1	0.48
西安市	34.63	6.84	18	122.33
宝鸡市	0.33	1.12	0	0
汉中市	0.30	1.36	0	0.98
兰州市	14.04	22.93	4	24.79
西宁市	1.82	11.12	1	2.38
银川市	2.65	8.38	1	9.18
乌鲁木齐市	7.08	18.90	3	10.39

技术创新力（1）

城市	规上工业企业研发经费支出（亿元）	规上工业企业研发经费支出与营业收入之比（%）	科创板上市企业数（家）	北交所主板上市企业数（家）	高新技术企业数（家）
石家庄市	52.93	0.93	0	1	2429
唐山市	148.06	1.23	0	2	1234
秦皇岛市	18.69	0.84	0	0	316
邯郸市	61.16	1.06	0	0	634
保定市	59.64	1.54	0	0	1135
南京市	272.44	2.11	10	4	6478
无锡市	332.05	1.76	13	1	3995
徐州市	106.22	2.23	0	0	1010
常州市	242.98	2.11	4	2	2482
苏州市	679.77	1.84	46	5	9676
南通市	187.43	2.13	5	3	2153
连云港市	69.07	2.42	3	1	396
淮安市	52.39	2.11	0	1	552
盐城市	100.54	1.91	0	0	1486
扬州市	101.38	1.96	1	0	1620
镇江市	72.09	1.84	3	1	1178
泰州市	115.83	1.97	4	1	1243
宿迁市	49.49	1.67	0	0	465
杭州市	307.23	1.85	24	3	7620
宁波市	289.01	1.57	4	1	3085
温州市	122.52	2.29	0	0	2368
嘉兴市	170.43	1.56	4	3	2355
湖州市	91.95	1.79	3	0	1142
绍兴市	154.93	2.34	1	0	1770
金华市	83.05	1.85	0	0	1347

技术创新力（2）

城市	规上工业企业研发经费支出（亿元）	规上工业企业研发经费支出与营业收入之比（%）	科创板上市企业数（家）	北交所主板上市企业数（家）	高新技术企业数（家）
台州市	107.32	2.01	3	1	1138
福州市	143.02	1.29	3	0	2071
厦门市	127.57	2.07	3	0	2255
泉州市	132.67	0.82	0	0	1030
龙岩市	57.86	1.83	2	0	252
济南市	151.47	2.00	6	1	3005
青岛市	198.77	2.02	6	3	4380
淄博市	86.59	1.88	3	1	703
东营市	67.10	0.92	0	0	332
烟台市	119.55	1.42	3	1	1119
潍坊市	121.82	1.36	0	2	995
济宁市	59.85	1.62	1	0	611
威海市	69.56	2.68	1	2	738
日照市	55.00	1.29	0	1	294
临沂市	91.96	1.76	0	0	718
德州市	93.09	3.20	1	0	349
广州市	315.11	1.51	15	5	11423
深圳市	1157.31	3.00	37	5	18180
汕头市	18.45	0.65	0	0	644
佛山市	238.86	1.07	4	0	5638
东莞市	308.42	1.34	9	0	6242
海口市	9.60	1.66	1	0	676
沈阳市	85.43	1.43	3	0	2548
大连市	118.70	1.65	3	2	2412

技术创新力（3）

城市	规上工业企业研发经费支出（亿元）	规上工业企业研发经费支出与营业收入之比（%）	科创板上市企业数（家）	北交所主板上市企业数（家）	高新技术企业数（家）
营口市	22.14	1.09	0	0	271
长春市	62.66	0.69	2	1	2011
吉林市	8.79	0.59	0	1	215
哈尔滨市	31.34	1.31	1	0	1154
太原市	45.60	1.20	0	1	2024
长治市	15.80	0.64	0	0	177
合肥市	192.24	2.26	17	0	3304
芜湖市	108.46	2.32	1	0	1012
蚌埠市	34.84	1.54	1	2	382
马鞍山市	60.32	2.02	0	0	565
铜陵市	30.95	1.24	0	1	259
滁州市	44.98	1.42	0	1	593
南昌市	70.01	0.95	1	1	2011
景德镇市	14.51	1.63	0	0	199
萍乡市	12.56	1.13	0	0	224
新余市	16.18	0.91	0	0	195
郑州市	157.06	1.71	0	1	2744
洛阳市	96.98	1.93	2	1	750
新乡市	54.69	2.18	0	0	319
南阳市	42.50	2.02	1	0	243
武汉市	198.63	1.61	7	1	6131
黄石市	32.35	1.82	0	0	375
宜昌市	90.81	2.82	1	0	629
襄阳市	78.61	1.49	1	0	628

技术创新力（4）

城市	规上工业企业研发经费支出（亿元）	规上工业企业研发经费支出与营业收入之比（%）	科创板上市企业数（家）	北交所主板上市企业数（家）	高新技术企业数（家）
荆门市	32.01	1.09	0	0	297
长沙市	210.77	2.48	8	1	4094
株洲市	68.46	2.38	3	0	719
湘潭市	46.83	1.31	0	0	513
衡阳市	41.90	2.37	0	0	413
呼和浩特市	29.00	1.37	0	1	333
包头市	48.62	1.54	0	0	214
南宁市	11.45	0.47	0	0	1132
柳州市	52.35	1.41	0	0	579
成都市	170.60	1.14	16	2	6039
德阳市	40.45	1.21	0	0	260
绵阳市	58.06	1.80	0	1	443
贵阳市	35.62	1.75	3	0	1246
遵义市	15.87	0.82	0	0	206
昆明市	45.45	0.96	0	2	1161
玉溪市	20.84	1.21	0	0	135
拉萨市	0.45	0.20	0	0	78
西安市	157.05	2.53	9	3	5168
宝鸡市	28.36	0.97	1	0	293
汉中市	21.72	1.75	0	0	74
兰州市	19.11	0.77	0	0	644
西宁市	6.54	0.44	0	0	161
银川市	25.80	1.25	0	1	155
乌鲁木齐市	20.38	0.67	0	0	357

技术创新力（5）

城市	发明专利拥有量（件）	万人发明专利拥有量（件/万人）	技术输出合同成交额（亿元）	技术输出合同成交额与地区生产总值之比（%）
石家庄市	9499	8.45	61.70	1.04
唐山市	4923	6.38	41.24	0.57
秦皇岛市	3571	11.37	60.41	3.58
邯郸市	2369	2.52	161.72	4.45
保定市	5637	4.88	17.19	0.43
南京市	70778	75.94	676.27	4.56
无锡市	32471	43.50	215.46	1.74
徐州市	17099	18.82	64.47	0.88
常州市	19330	36.61	142.18	1.82
苏州市	74283	58.26	363.84	1.80
南通市	26996	34.93	190.88	1.90
连云港市	3922	8.52	38.62	1.18
淮安市	3430	7.52	40.32	1.00
盐城市	10407	15.51	53.77	0.90
扬州市	8452	18.53	126.35	2.09
镇江市	13378	41.66	55.04	1.30
泰州市	9809	21.72	95.66	1.80
宿迁市	2201	4.41	24.99	0.77
杭州市	73772	61.66	336.11	2.09
宁波市	30689	32.58	167.16	1.35
温州市	17124	17.86	286.52	4.17
嘉兴市	20074	37.10	100.98	1.83
湖州市	12405	36.79	93.05	2.91
绍兴市	13162	24.88	180.62	3.01
金华市	10245	14.51	85.40	1.82

技术创新力（6）

城市	发明专利拥有量（件）	万人发明专利拥有量（件/万人）	技术输出合同成交额（亿元）	技术输出合同成交额与地区生产总值之比（%）
台州市	15095	22.78	53.54	1.02
福州市	17313	20.81	47.52	0.47
厦门市	16351	31.57	108.77	1.70
泉州市	9143	10.40	3.76	0.04
龙岩市	1409	5.16	0.74	0.03
济南市	29427	31.84	336.94	3.32
青岛市	38690	38.29	270.82	2.18
淄博市	6931	14.73	159.38	4.34
东营市	3024	13.79	82.27	2.76
烟台市	8611	12.12	155.13	1.98
潍坊市	9813	10.45	134.51	2.29
济宁市	3479	4.16	106.88	2.38
威海市	3797	13.04	103.96	3.45
日照市	2097	7.06	77.23	3.85
临沂市	4162	3.77	51.10	1.06
德州市	2065	3.68	57.13	1.86
广州市	71725	38.27	2089.09	8.35
深圳市	160944	91.27	1043.92	3.77
汕头市	2962	5.38	1.52	0.06
佛山市	27786	29.19	23.14	0.21
东莞市	46358	44.22	54.71	0.57
海口市	3080	10.67	16.25	0.91
沈阳市	19870	21.90	304.05	4.63
大连市	17071	22.90	249.80	3.55

技术创新力（7）

城市	发明专利拥有量（件）	万人发明专利拥有量（件/万人）	技术输出合同成交额（亿元）	技术输出合同成交额与地区生产总值之比（%）
营口市	756	3.25	4.46	0.34
长春市	13890	15.32	451.61	6.80
吉林市	1492	4.12	5.90	0.41
哈尔滨市	22811	22.79	212.99	4.11
太原市	11238	21.13	10.21	0.25
长治市	733	2.31	5.01	0.29
合肥市	32668	34.85	209.27	2.08
芜湖市	16146	44.29	119.03	3.17
蚌埠市	6914	20.97	75.90	3.64
马鞍山市	7012	32.45	52.84	2.42
铜陵市	3262	24.86	14.02	1.40
滁州市	1268	3.18	57.44	1.89
南昌市	6886	11.01	73.46	1.28
景德镇市	971	6.00	13.98	1.46
萍乡市	637	3.53	24.66	2.56
新余市	458	3.81	10.98	1.10
郑州市	17424	13.81	210.82	1.76
洛阳市	8115	11.50	66.07	1.29
新乡市	2982	4.77	27.70	0.92
南阳市	2082	2.14	12.34	0.31
武汉市	58587	47.07	932.13	5.97
黄石市	907	3.67	56.90	3.47
宜昌市	4123	10.33	162.84	3.82
襄阳市	3991	7.59	138.61	3.01

技术创新力（8）

城市	发明专利拥有量（件）	万人发明专利拥有量（件/万人）	技术输出合同成交额（亿元）	技术输出合同成交额与地区生产总值之比（%）
荆门市	609	2.40	29.22	1.53
长沙市	33807	33.60	338.70	2.79
株洲市	7090	18.17	150.92	4.86
湘潭市	3856	14.15	117.75	5.03
衡阳市	1953	2.94	18.09	0.52
呼和浩特市	2675	7.74	14.88	0.53
包头市	1893	6.98	4.82	0.17
南宁市	8663	9.90	38.45	0.81
柳州市	3875	9.31	12.68	0.40
成都市	50258	23.99	1144.52	6.46
德阳市	2343	6.78	28.38	1.18
绵阳市	7018	14.41	14.02	0.47
贵阳市	7547	12.60	119.44	2.77
遵义市	2311	3.50	26.15	0.70
昆明市	11842	13.99	34.95	0.52
玉溪市	981	4.36	3.16	0.15
拉萨市	636	7.31	0.68	0.10
西安市	49793	38.42	1648.56	16.45
宝鸡市	1350	4.07	32.60	1.43
汉中市	563	1.75	5.36	0.34
兰州市	5635	12.89	75.88	2.63
西宁市	1534	6.22	9.75	0.71
银川市	2385	8.33	10.25	0.52
乌鲁木齐市	3204	7.90	1.87	0.06

成果转化力（1）

城市	技术输入合同成交额（亿元）	技术输入合同成交额与地区生产总值之比（%）	国家级科技企业孵化器、大学科技园、双创示范基地数（个）	国家级科技企业孵化器、大学科技园新增在孵企业数（家）
石家庄市	138.04	2.33	36	211
唐山市	137.29	1.90	13	100
秦皇岛市	19.22	1.14	9	90
邯郸市	144.16	3.96	9	87
保定市	33.73	0.85	30	75
南京市	594.82	4.01	111	805
无锡市	226.99	1.83	45	533
徐州市	170.64	2.33	27	275
常州市	172.58	2.21	41	534
苏州市	414.30	2.05	123	1305
南通市	159.88	1.59	26	321
连云港市	89.83	2.74	5	30
淮安市	42.85	1.06	5	54
盐城市	75.31	1.26	23	214
扬州市	95.81	1.58	23	137
镇江市	37.20	0.88	18	157
泰州市	107.05	2.02	11	158
宿迁市	29.77	0.91	3	16
杭州市	444.78	2.76	126	967
宁波市	314.18	2.53	46	343
温州市	128.56	1.87	20	96
嘉兴市	99.84	1.81	31	231
湖州市	68.33	2.13	16	235
绍兴市	168.50	2.81	7	38
金华市	118.16	2.51	7	70

成果转化力（2）

城市	技术输入合同成交额（亿元）	技术输入合同成交额与地区生产总值之比（%）	国家级科技企业孵化器、大学科技园、双创示范基地数（个）	国家级科技企业孵化器、大学科技园新增在孵企业数（家）
台州市	81.61	1.55	8	60
福州市	231.21	2.31	21	110
厦门市	60.79	0.95	55	307
泉州市	42.78	0.42	15	0
龙岩市	15.28	0.53	1	5
济南市	524.50	5.17	53	277
青岛市	325.39	2.62	108	316
淄博市	111.97	3.05	13	75
东营市	68.83	2.31	9	148
烟台市	145.74	1.86	19	227
潍坊市	149.84	2.55	19	198
济宁市	126.26	2.81	28	130
威海市	70.58	2.34	23	156
日照市	35.90	1.79	8	41
临沂市	97.23	2.02	10	70
德州市	82.26	2.67	11	49
广州市	1633.09	6.53	100	774
深圳市	1631.51	5.90	152	840
汕头市	14.02	0.51	5	19
佛山市	78.90	0.73	46	340
东莞市	544.67	5.64	49	457
海口市	50.36	2.81	8	12
沈阳市	146.88	2.24	41	310
大连市	76.40	1.09	45	182

成果转化力（3）

城市	技术输入合同成交额（亿元）	技术输入合同成交额与地区生产总值之比（%）	国家级科技企业孵化器、大学科技园、双创示范基地数（个）	国家级科技企业孵化器、大学科技园新增在孵企业数（家）
营口市	9.02	0.68	4	69
长春市	362.80	5.47	38	279
吉林市	66.83	4.60	8	50
哈尔滨市	114.53	2.21	39	307
太原市	148.71	3.58	40	203
长治市	19.39	1.13	6	9
合肥市	227.18	2.26	42	403
芜湖市	101.38	2.70	12	107
蚌埠市	33.13	1.59	5	18
马鞍山市	68.26	3.12	6	64
铜陵市	28.12	2.80	7	35
滁州市	44.99	1.48	6	54
南昌市	94.37	1.64	38	180
景德镇市	44.28	4.63	5	4
萍乡市	5.36	0.56	2	0
新余市	21.73	2.17	2	5
郑州市	212.02	1.77	53	436
洛阳市	38.95	0.76	19	298
新乡市	34.78	1.15	4	101
南阳市	16.05	0.41	5	10
武汉市	788.89	5.05	105	798
黄石市	24.06	1.47	5	51
宜昌市	116.48	2.73	16	156
襄阳市	108.09	2.35	8	102

成果转化力（4）

城市	技术输入合同成交额（亿元）	技术输入合同成交额与地区生产总值之比（%）	国家级科技企业孵化器、大学科技园、双创示范基地数（个）	国家级科技企业孵化器、大学科技园新增在孵企业数（家）
荆门市	14.39	0.75	5	22
长沙市	252.80	2.08	50	365
株洲市	70.63	2.27	11	28
湘潭市	22.95	0.98	8	52
衡阳市	23.17	0.66	1	0
呼和浩特市	57.72	2.06	17	50
包头市	13.64	0.49	18	100
南宁市	258.99	5.48	14	220
柳州市	51.82	1.63	10	74
成都市	520.99	2.94	77	820
德阳市	21.60	0.90	3	13
绵阳市	32.76	1.09	17	127
贵阳市	156.74	3.64	26	188
遵义市	34.21	0.92	4	34
昆明市	153.24	2.28	41	254
玉溪市	2.92	0.14	4	34
拉萨市	29.22	4.31	6	4
西安市	661.59	6.60	99	395
宝鸡市	37.17	1.63	6	42
汉中市	15.56	0.98	1	13
兰州市	116.63	4.04	36	278
西宁市	47.54	3.46	21	78
银川市	77.26	3.93	14	62
乌鲁木齐市	85.44	2.56	31	122

成果转化力（5）

城市	高新技术企业营业收入与规上工业企业营业收入之比（%）	规上工业企业新产品销售收入与营业收入之比（%）	国家高新区营业收入（亿元）	国家高新区营业收入与地区生产总值之比（%）
石家庄市	79.25	16.29	2305.13	38.84
唐山市	43.96	16.82	126.55	1.75
秦皇岛市	42.62	20.32	0	0
邯郸市	45.54	11.72	0	0
保定市	64.11	34.16	2081.50	52.64
南京市	55.19	24.60	10432.82	70.41
无锡市	39.93	30.61	6807.78	55.03
徐州市	45.10	31.23	1394.76	19.05
常州市	39.23	29.09	5345.89	68.49
苏州市	43.82	37.04	13414.99	66.51
南通市	42.19	38.96	2599.38	25.90
连云港市	37.74	25.88	765.08	23.35
淮安市	32.81	23.00	174.16	4.33
盐城市	44.12	16.05	718.01	12.06
扬州市	46.55	36.05	422.58	6.99
镇江市	51.43	46.87	555.70	13.17
泰州市	35.34	31.23	1184.56	22.30
宿迁市	26.95	35.60	384.15	11.78
杭州市	97.35	39.24	11358.91	70.53
宁波市	38.19	31.77	5500.40	44.33
温州市	50.16	34.82	1209.57	17.60
嘉兴市	46.86	41.19	895.87	16.26
湖州市	48.10	41.00	667.08	20.84
绍兴市	43.24	33.59	1009.92	16.83
金华市	43.57	34.88	0	0

成果转化力（6）

城市	高新技术企业营业收入与规上工业企业营业收入之比（%）	规上工业企业新产品销售收入与营业收入之比（%）	国家高新区营业收入（亿元）	国家高新区营业收入与地区生产总值之比（%）
台州市	44.59	32.91	0	0
福州市	20.03	10.52	1343.04	13.40
厦门市	41.59	34.42	3710.20	58.12
泉州市	5.69	7.57	843.84	8.31
龙岩市	16.95	10.25	527.81	18.38
济南市	81.89	34.76	6949.92	68.53
青岛市	62.55	27.58	4252.92	34.30
淄博市	37.01	23.14	2494.62	67.91
东营市	17.19	9.39	336.16	11.28
烟台市	29.82	20.78	735.53	9.41
潍坊市	42.86	21.43	4795.02	81.66
济宁市	25.61	23.30	2859.13	63.62
威海市	36.93	30.05	1734.01	57.46
日照市	9.55	7.88	0	0
临沂市	40.61	19.16	863.53	17.97
德州市	40.25	29.27	247.80	8.05
广州市	82.74	24.85	12831.22	51.29
深圳市	87.80	38.57	20683.86	74.75
汕头市	25.70	13.27	257.12	9.42
佛山市	32.18	20.39	5215.34	48.22
东莞市	58.33	41.80	5898.31	61.12
海口市	75.63	20.76	948.33	52.93
沈阳市	44.38	22.50	1403.42	21.36
大连市	37.72	15.89	2376.52	33.80

成果转化力（7）

城市	高新技术企业营业收入与规上工业企业营业收入之比（%）	规上工业企业新产品销售收入与营业收入之比（%）	国家高新区营业收入（亿元）	国家高新区营业收入与地区生产总值之比（%）
营口市	37.76	18.34	548.83	41.41
长春市	33.39	20.44	5940.29	89.49
吉林市	32.63	12.83	749.99	51.63
哈尔滨市	71.60	15.51	1921.04	37.06
太原市	86.93	24.52	3384.85	81.50
长治市	19.28	2.17	450.17	26.30
合肥市	74.39	42.44	7303.22	72.70
芜湖市	52.24	40.39	1552.78	41.37
蚌埠市	20.02	27.64	1398.11	67.13
马鞍山市	37.79	21.14	1443.00	65.98
铜陵市	12.25	27.48	390.22	38.88
滁州市	35.69	43.19	0	0
南昌市	64.91	23.14	4033.98	70.21
景德镇市	52.02	68.42	926.85	96.84
萍乡市	15.44	4.60	0	0
新余市	76.24	32.31	1627.74	162.56
郑州市	39.86	36.56	3096.96	25.80
洛阳市	32.96	17.46	2750.56	53.63
新乡市	21.84	23.79	665.49	22.08
南阳市	27.11	19.63	365.40	9.31
武汉市	98.81	17.06	12405.23	79.44
黄石市	40.31	40.51	1011.84	61.65
宜昌市	50.77	23.08	2040.31	47.88
襄阳市	44.48	24.07	3319.80	72.14

成果转化力（8）

城市	高新技术企业营业收入与规上工业企业营业收入之比（%）	规上工业企业新产品销售收入与营业收入之比（%）	国家高新区营业收入（亿元）	国家高新区营业收入与地区生产总值之比（%）
荆门市	25.64	33.36	1440.20	75.55
长沙市	100.38	33.54	5170.20	42.58
株洲市	84.67	25.06	2890.83	93.08
湘潭市	38.28	22.81	1560.61	66.60
衡阳市	45.92	17.38	811.32	23.12
呼和浩特市	32.19	21.71	1419.34	50.68
包头市	61.15	10.87	2199.80	78.92
南宁市	84.71	8.43	2838.03	60.05
柳州市	66.41	34.49	2752.22	86.63
成都市	63.65	12.46	9042.08	51.04
德阳市	22.83	11.76	615.33	25.59
绵阳市	19.35	24.22	1640.25	54.49
贵阳市	89.49	14.08	2690.34	62.40
遵义市	17.13	12.99	0	0
昆明市	62.79	12.00	2492.69	37.02
玉溪市	27.80	11.16	976.29	47.44
拉萨市	78.43	0	0	0
西安市	123.10	25.87	8514.35	84.97
宝鸡市	43.46	14.43	2293.81	100.74
汉中市	14.65	12.93	0	0
兰州市	48.59	8.07	2026.59	70.20
西宁市	35.79	12.01	65.78	4.79
银川市	15.12	11.38	128.31	6.53
乌鲁木齐市	44.21	14.99	3606.75	108.07

创新驱动力（1）

城市	地区生产总值（亿元）	人均地区生产总值（万元/人）	城乡居民人均可支配收入之比
石家庄市	5935.10	5.30	2.37
唐山市	7210.90	9.35	2.14
秦皇岛市	1685.80	5.38	2.48
邯郸市	3636.60	3.86	2.10
保定市	3954.30	3.43	2.02
南京市	14817.95	15.93	2.28
无锡市	12370.48	16.59	1.81
徐州市	7319.77	8.07	1.77
常州市	7805.32	14.79	1.87
苏州市	20170.45	15.85	1.89
南通市	10036.31	12.99	2.01
连云港市	3277.07	7.13	1.91
淮安市	4025.37	8.75	2.04
盐城市	5953.38	8.87	1.71
扬州市	6048.33	13.28	1.90
镇江市	4220.09	13.16	1.92
泰州市	5312.77	11.75	1.99
宿迁市	3262.37	6.55	1.64
杭州市	16106.00	13.66	1.77
宁波市	12409.00	13.26	1.74
温州市	6871.00	7.18	1.96
嘉兴市	5510.00	10.25	1.61
湖州市	3201.00	9.56	1.66
绍兴市	6001.00	11.37	1.72
金华市	4704.00	6.73	2.03

创新驱动力（2）

城市	地区生产总值（亿元）	人均地区生产总值（万元/人）	城乡居民人均可支配收入之比
台州市	5263.00	7.99	1.94
福州市	10020.02	12.10	2.17
厦门市	6384.02	12.40	2.30
泉州市	10158.66	11.58	2.17
龙岩市	2870.90	10.55	1.99
济南市	10140.91	11.02	2.61
青岛市	12400.56	12.38	2.36
淄博市	3673.54	7.81	2.22
东营市	2981.19	13.59	2.63
烟台市	7816.42	11.01	2.22
潍坊市	5872.17	6.25	1.99
济宁市	4494.31	5.38	2.06
威海市	3017.79	10.38	2.16
日照市	2006.43	6.76	2.01
临沂市	4805.25	4.36	2.48
德州市	3078.99	5.49	1.74
广州市	25019.11	13.50	2.18
深圳市	27670.24	15.93	1.00
汕头市	2730.58	4.97	1.74
佛山市	10816.47	11.42	1.72
东莞市	9650.19	9.22	1.50
海口市	1791.58	6.33	2.30
沈阳市	6571.60	7.56	2.42
大连市	7030.40	9.47	2.20

创新驱动力（3）

城市	地区生产总值（亿元）	人均地区生产总值（万元/人）	城乡居民人均可支配收入之比
营口市	1325.50	5.68	1.97
长春市	6638.03	7.76	2.08
吉林市	1452.55	3.56	1.93
哈尔滨市	5183.83	5.46	2.03
太原市	4153.25	7.87	1.95
长治市	1711.64	5.38	2.21
合肥市	10045.72	10.84	1.99
芜湖市	3753.02	10.30	1.82
蚌埠市	2082.73	6.32	2.17
马鞍山市	2186.90	10.10	2.04
铜陵市	1003.67	7.57	2.41
滁州市	3032.07	7.61	2.29
南昌市	5745.51	9.27	2.24
景德镇市	957.14	5.91	2.19
萍乡市	963.60	5.33	1.94
新余市	1001.33	8.36	2.05
郑州市	12003.04	9.61	1.73
洛阳市	5128.36	7.29	2.47
新乡市	3014.51	4.82	1.95
南阳市	3925.86	4.03	2.11
武汉市	15616.06	13.14	2.09
黄石市	1641.32	6.64	2.29
宜昌市	4261.42	10.48	2.01
襄阳市	4601.97	8.48	2.05

创新驱动力（4）

城市	地区生产总值（亿元）	人均地区生产总值（万元/人）	城乡居民人均可支配收入之比
荆门市	1906.41	7.02	1.80
长沙市	12142.52	12.33	1.67
株洲市	3105.80	7.96	2.10
湘潭市	2343.15	8.59	1.85
衡阳市	3508.50	5.26	1.81
呼和浩特市	2800.68	8.17	2.43
包头市	2787.36	10.29	2.46
南宁市	4726.34	5.47	2.39
柳州市	3176.94	7.71	2.43
成都市	17716.67	8.57	1.84
德阳市	2404.13	6.94	1.99
绵阳市	3010.08	6.19	2.06
贵阳市	4311.65	7.22	2.16
遵义市	3720.05	5.63	2.53
昆明市	6733.79	8.06	2.71
玉溪市	2058.14	9.13	2.50
拉萨市	678.16	7.94	1.56
西安市	10020.39	7.92	2.74
宝鸡市	2276.95	6.77	2.55
汉中市	1593.40	4.92	2.88
兰州市	2886.74	6.67	2.74
西宁市	1373.00	5.44	2.74
银川市	1964.37	6.86	2.40
乌鲁木齐市	3337.32	8.23	1.87

创新驱动力（5）

城市	单位地区生产总值能耗（吨标准煤/万元）	PM2.5年平均浓度（微克/立方米）	居民人均可支配收入（万元/人）
石家庄市	0.64	58	4.02
唐山市	1.65	49	4.43
秦皇岛市	0.63	34	3.99
邯郸市	1.02	57	3.55
保定市	0.22	50	3.41
南京市	0.26	31	6.76
无锡市	0.32	33	6.47
徐州市	0.22	50	3.75
常州市	0.24	39	6.05
苏州市	0.43	31	7.10
南通市	0.29	34	5.25
连云港市	0.26	37	3.67
淮安市	0.38	42	4.03
盐城市	0.30	33	4.04
扬州市	0.25	36	4.72
镇江市	0.48	38	5.46
泰州市	0.17	35	4.91
宿迁市	0.27	45	3.20
杭州市	0.29	30	6.87
宁波市	0.37	23	6.80
温州市	0.30	23	6.35
嘉兴市	0.41	28	6.41
湖州市	0.27	26	6.17
绍兴市	0.40	28	6.67
金华市	0.39	26	6.15

创新驱动力（6）

城市	单位地区生产总值能耗（吨标准煤/万元）	PM2.5年平均浓度（微克/立方米）	居民人均可支配收入（万元/人）
台州市	0.30	25	6.26
福州市	0.38	21	4.93
厦门市	0.32	18	6.13
泉州市	0.44	19	5.10
龙岩市	0.48	18	4.02
济南市	0.37	50	5.33
青岛市	0.45	31	5.59
淄博市	1.02	52	4.64
东营市	0.57	46	5.27
烟台市	0.45	32	4.94
潍坊市	0.78	47	4.31
济宁市	0.52	51	3.84
威海市	0.43	24	5.04
日照市	1.46	35	3.68
临沂市	0.70	48	3.95
德州市	0.59	52	2.96
广州市	0.36	23	6.83
深圳市	0.32	19	6.49
汕头市	0.36	19	3.29
佛山市	0.36	22	5.74
东莞市	0.39	24	5.81
海口市	0.29	14	4.00
沈阳市	0.38	42	4.74
大连市	0.57	30	4.74

创新驱动力（7）

城市	单位地区生产总值能耗（吨标准煤/万元）	PM2.5年平均浓度（微克/立方米）	居民人均可支配收入（万元/人）
营口市	1.25	41	3.98
长春市	0.29	42	3.46
吉林市	1.39	35	3.10
哈尔滨市	0.54	47	3.98
太原市	0.78	54	3.83
长治市	1.49	44	3.60
合肥市	0.25	36	4.83
芜湖市	0.34	35	4.46
蚌埠市	0.29	43	3.91
马鞍山市	1.04	36	5.18
铜陵市	0.63	35	4.12
滁州市	0.38	39	3.61
南昌市	0.28	33	4.68
景德镇市	0.47	25	4.23
萍乡市	0.81	33	4.04
新余市	0.95	30	4.25
郑州市	0.38	51	4.29
洛阳市	0.48	51	3.93
新乡市	0.58	51	3.41
南阳市	0.36	51	3.39
武汉市	0.55	37	5.04
黄石市	1.04	35	3.79
宜昌市	0.86	41	3.72
襄阳市	0.70	52	3.77

创新驱动力（8）

城市	单位地区生产总值能耗（吨标准煤/万元）	PM2.5年平均浓度（微克/立方米）	居民人均可支配收入（万元/人）
荆门市	0.77	41	3.60
长沙市	0.26	41	5.80
株洲市	0.56	32	4.88
湘潭市	0.75	39	4.18
衡阳市	0.54	34	3.85
呼和浩特市	0.64	40	4.98
包头市	1.77	44	5.10
南宁市	0.27	26	3.85
柳州市	0.54	29	3.85
成都市	0.31	41	4.86
德阳市	0.59	37	3.94
绵阳市	0.44	34	3.97
贵阳市	0.52	23	4.03
遵义市	0.49	20	3.72
昆明市	0.39	24	4.80
玉溪市	0.67	20	4.21
拉萨市	0.14	12	4.36
西安市	0.31	51	4.32
宝鸡市	0.44	47	3.62
汉中市	0.60	28	3.44
兰州市	0.54	34	4.02
西宁市	1.56	35	3.70
银川市	2.14	36	3.94
乌鲁木齐市	0.91	47	4.28

四、国家创新型城市创新能力按城市监测

石家庄市（1）

指标名称	2019 年	2020 年
全社会研发经费支出（亿元）	149.80	123.55
全社会研发经费支出与地区生产总值之比（%）	2.58	2.08
财政科技支出（亿元）	12.34	15.28
财政科技支出占公共财政支出比重（%）	1.17	1.34
万名就业人员中研发人员（人年/万人）	37.32	43.16
普通高校在校学生数（万人）	53.31	58.35
万人普通高校在校学生数（人/万人）	483	519
实际使用外资额（万美元）	163351	184793
人均实际使用外资额（美元/人）	148.08	164.39
基础研究经费（亿元）	3.83	3.66
基础研究经费占研发经费比重（%）	2.55	2.96
“双一流”建设学科数（个）	0	0
国家级科技成果奖数（项当量）	23.75	27.40
规上工业企业研发经费支出（亿元）	89.31	52.93
规上工业企业研发经费支出与营业收入之比（%）	1.97	0.93
科创板上市企业数（家）	0	0
北交所主板上市企业数（家）	—	1
高新技术企业数（家）	2061	2429

石家庄市（2）

指标名称	2019 年	2020 年
发明专利拥有量（件）	7941	9499
万人发明专利拥有量（件/万人）	7.20	8.45
技术输出合同成交额（亿元）	29.28	61.70
技术输出合同成交额与地区生产总值之比（%）	0.50	1.04
技术输入合同成交额（亿元）	133.21	138.04
技术输入合同成交额与地区生产总值之比（%）	2.29	2.33
国家级科技企业孵化器、大学科技园、双创示范基地数（个）	34	36
国家级科技企业孵化器、大学科技园新增在孵企业数（家）	171	211
高新技术企业营业收入与规上工业企业营业收入之比（%）	93.99	79.25
规上工业企业新产品销售收入与营业收入之比（%）	15.95	16.29
国家高新区营业收入（亿元）	2123.08	2305.13
国家高新区营业收入与地区生产总值之比（%）	36.54	38.84
地区生产总值（亿元）	5809.94	5935.10
人均地区生产总值（万元/人）	5.27	5.30
城乡居民人均可支配收入之比	2.43	2.37
单位地区生产总值能耗（吨标准煤/万元）	0.66	0.64
PM2.5 年平均浓度（微克/立方米）	63	58
居民人均可支配收入（万元/人）	3.86	4.02

唐山市（1）

指标名称	2019 年	2020 年
全社会研发经费支出（亿元）	126.60	159.00
全社会研发经费支出与地区生产总值之比（%）	1.84	2.20
财政科技支出（亿元）	9.82	12.34
财政科技支出占公共财政支出比重（%）	1.23	1.33
万名就业人员中研发人员（人年/万人）	47.97	51.88
普通高校在校学生数（万人）	14.63	16.57
万人普通高校在校学生数（人/万人）	184	215
实际使用外资额（万美元）	180386	194548
人均实际使用外资额（美元/人）	226.50	252.05
基础研究经费（亿元）	0.92	0.62
基础研究经费占研发经费比重（%）	0.73	0.39
“双一流”建设学科数（个）	0	0
国家级科技成果奖数（项当量）	2.46	6.01
规上工业企业研发经费支出（亿元）	116.60	148.06
规上工业企业研发经费支出与营业收入之比（%）	1.03	1.23
科创板上市企业数（家）	0	0
北交所主板上市企业数（家）	—	2
高新技术企业数（家）	979	1234

唐山市（2）

指标名称	2019 年	2020 年
发明专利拥有量（件）	4188	4923
万人发明专利拥有量（件/万人）	5.26	6.38
技术输出合同成交额（亿元）	27.73	41.24
技术输出合同成交额与地区生产总值之比（%）	0.40	0.57
技术输入合同成交额（亿元）	204.31	137.29
技术输入合同成交额与地区生产总值之比（%）	2.97	1.90
国家级科技企业孵化器、大学科技园、双创示范基地数（个）	14	13
国家级科技企业孵化器、大学科技园新增在孵企业数（家）	65	100
高新技术企业营业收入与规上工业企业营业收入之比（%）	39.92	43.96
规上工业企业新产品销售收入与营业收入之比（%）	14.04	16.82
国家高新区营业收入（亿元）	125.35	126.55
国家高新区营业收入与地区生产总值之比（%）	1.82	1.75
地区生产总值（亿元）	6890.03	7210.90
人均地区生产总值（万元/人）	8.65	9.35
城乡居民人均可支配收入之比	2.21	2.14
单位地区生产总值能耗（吨标准煤/万元）	1.71	1.65
PM2.5 年平均浓度（微克/立方米）	54	49
居民人均可支配收入（万元/人）	4.26	4.43

秦皇岛市（1）

指标名称	2019 年	2020 年
全社会研发经费支出（亿元）	20.80	24.51
全社会研发经费支出与地区生产总值之比（%）	1.29	1.45
财政科技支出（亿元）	3.10	2.21
财政科技支出占公共财政支出比重（%）	0.98	0.65
万名就业人员中研发人员（人年/万人）	30.13	41.96
普通高校在校学生数（万人）	9.47	9.69
万人普通高校在校学生数（人/万人）	301	309
实际使用外资额（万美元）	120036	132328
人均实际使用外资额（美元/人）	381.51	421.45
基础研究经费（亿元）	1.98	2.24
基础研究经费占研发经费比重（%）	9.53	9.14
“双一流”建设学科数（个）	0	0
国家级科技成果奖数（项当量）	6.41	17.44
规上工业企业研发经费支出（亿元）	15.79	18.69
规上工业企业研发经费支出与营业收入之比（%）	0.77	0.84
科创板上市企业数（家）	0	0
北交所主板上市企业数（家）	—	0
高新技术企业数（家）	269	316

秦皇岛市（2）

指标名称	2019 年	2020 年
发明专利拥有量（件）	2815	3571
万人发明专利拥有量（件/万人）	8.95	11.37
技术输出合同成交额（亿元）	46.46	60.41
技术输出合同成交额与地区生产总值之比（%）	2.88	3.58
技术输入合同成交额（亿元）	11.11	19.22
技术输入合同成交额与地区生产总值之比（%）	0.69	1.14
国家级科技企业孵化器、大学科技园、双创示范基地数（个）	8	9
国家级科技企业孵化器、大学科技园新增在孵企业数（家）	43	90
高新技术企业营业收入与规上工业企业营业收入之比（%）	30.93	42.62
规上工业企业新产品销售收入与营业收入之比（%）	19.24	20.32
国家高新区营业收入（亿元）	0	0
国家高新区营业收入与地区生产总值之比（%）	0	0
地区生产总值（亿元）	1612.02	1685.80
人均地区生产总值（万元/人）	5.12	5.38
城乡居民人均可支配收入之比	2.55	2.48
单位地区生产总值能耗（吨标准煤/万元）	0.67	0.63
PM2.5 年平均浓度（微克/立方米）	44	34
居民人均可支配收入（万元/人）	3.84	3.99

邯郸市（1）

指标名称	2019 年	2020 年
全社会研发经费支出（亿元）	57.60	68.75
全社会研发经费支出与地区生产总值之比（%）	1.65	1.89
财政科技支出（亿元）	6.65	6.99
财政科技支出占公共财政支出比重（%）	0.95	0.89
万名就业人员中研发人员（人年/万人）	20.03	25.46
普通高校在校学生数（万人）	7.22	7.93
万人普通高校在校学生数（人/万人）	76	84
实际使用外资额（万美元）	119178	134462
人均实际使用外资额（美元/人）	124.80	142.82
基础研究经费（亿元）	0.67	0.46
基础研究经费占研发经费比重（%）	1.17	0.66
“双一流”建设学科数（个）	0	0
国家级科技成果奖数（项当量）	0	0
规上工业企业研发经费支出（亿元）	49.41	61.16
规上工业企业研发经费支出与营业收入之比（%）	0.88	1.06
科创板上市企业数（家）	0	0
北交所主板上市企业数（家）	—	0
高新技术企业数（家）	515	634

邯郸市（2）

指标名称	2019 年	2020 年
发明专利拥有量（件）	2065	2369
万人发明专利拥有量（件/万人）	2.16	2.52
技术输出合同成交额（亿元）	101.14	161.72
技术输出合同成交额与地区生产总值之比（%）	2.90	4.45
技术输入合同成交额（亿元）	60.55	144.16
技术输入合同成交额与地区生产总值之比（%）	1.74	3.96
国家级科技企业孵化器、大学科技园、双创示范基地数（个）	5	9
国家级科技企业孵化器、大学科技园新增在孵企业数（家）	81	87
高新技术企业营业收入与规上工业企业营业收入之比（%）	41.04	45.54
规上工业企业新产品销售收入与营业收入之比（%）	15.20	11.72
国家高新区营业收入（亿元）	0	0
国家高新区营业收入与地区生产总值之比（%）	0	0
地区生产总值（亿元）	3486.05	3636.60
人均地区生产总值（万元/人）	3.65	3.86
城乡居民人均可支配收入之比	2.16	2.10
单位地区生产总值能耗（吨标准煤/万元）	1.06	1.02
PM2.5 年平均浓度（微克/立方米）	65	57
居民人均可支配收入（万元/人）	3.39	3.55

保定市（1）

指标名称	2019 年	2020 年
全社会研发经费支出（亿元）	61.30	78.81
全社会研发经费支出与地区生产总值之比（%）	1.63	1.99
财政科技支出（亿元）	5.68	5.04
财政科技支出占公共财政支出比重（%）	0.65	0.41
万名就业人员中研发人员（人年/万人）	22.66	38.95
普通高校在校学生数（万人）	18.96	20.17
万人普通高校在校学生数（人/万人）	202	175
实际使用外资额（万美元）	114843	113576
人均实际使用外资额（美元/人）	122.19	98.37
基础研究经费（亿元）	2.59	2.07
基础研究经费占研发经费比重（%）	4.23	2.63
“双一流”建设学科数（个）	0	0
国家级科技成果奖数（项当量）	10.98	2.42
规上工业企业研发经费支出（亿元）	43.57	59.64
规上工业企业研发经费支出与营业收入之比（%）	1.61	1.54
科创板上市企业数（家）	0	0
北交所主板上市企业数（家）	—	0
高新技术企业数（家）	961	1135

保定市（2）

指标名称	2019 年	2020 年
发明专利拥有量（件）	5183	5637
万人发明专利拥有量（件/万人）	5.51	4.88
技术输出合同成交额（亿元）	11.88	17.19
技术输出合同成交额与地区生产总值之比（%）	0.32	0.43
技术输入合同成交额（亿元）	36.61	33.73
技术输入合同成交额与地区生产总值之比（%）	0.97	0.85
国家级科技企业孵化器、大学科技园、双创示范基地数（个）	19	30
国家级科技企业孵化器、大学科技园新增在孵企业数（家）	77	75
高新技术企业营业收入与规上工业企业营业收入之比（%）	79.86	64.11
规上工业企业新产品销售收入与营业收入之比（%）	43.14	34.16
国家高新区营业收入（亿元）	2058.49	2081.50
国家高新区营业收入与地区生产总值之比（%）	54.57	52.64
地区生产总值（亿元）	3772.20	3954.30
人均地区生产总值（万元/人）	4.01	3.43
城乡居民人均可支配收入之比	2.09	2.02
单位地区生产总值能耗（吨标准煤/万元）	0.23	0.22
PM2.5 年平均浓度（微克/立方米）	59	50
居民人均可支配收入（万元/人）	3.27	3.41

南京市（1）

指标名称	2019 年	2020 年
全社会研发经费支出（亿元）	465.16	515.66
全社会研发经费支出与地区生产总值之比（%）	3.32	3.48
财政科技支出（亿元）	97.62	100.86
财政科技支出占公共财政支出比重（%）	5.89	5.75
万名就业人员中研发人员（人年/万人）	244.34	233.44
普通高校在校学生数（万人）	87.79	91.81
万人普通高校在校学生数（人/万人）	1033	985
实际使用外资额（万美元）	410058	451500
人均实际使用外资额（美元/人）	482.42	484.46
基础研究经费（亿元）	50.91	52.39
基础研究经费占研发经费比重（%）	10.94	10.16
“双一流”建设学科数（个）	38	43
国家级科技成果奖数（项当量）	186.38	125.57
规上工业企业研发经费支出（亿元）	229.12	272.44
规上工业企业研发经费支出与营业收入之比（%）	1.92	2.11
科创板上市企业数（家）	5	10
北交所主板上市企业数（家）	—	4
高新技术企业数（家）	4644	6478

南京市（2）

指标名称	2019 年	2020 年
发明专利拥有量（件）	58474	70778
万人发明专利拥有量（件/万人）	68.79	75.94
技术输出合同成交额（亿元）	588.41	676.27
技术输出合同成交额与地区生产总值之比（%）	4.19	4.56
技术输入合同成交额（亿元）	576.90	594.82
技术输入合同成交额与地区生产总值之比（%）	4.11	4.01
国家级科技企业孵化器、大学科技园、双创示范基地数（个）	96	111
国家级科技企业孵化器、大学科技园新增在孵企业数（家）	701	805
高新技术企业营业收入与规上工业企业营业收入之比（%）	59.34	55.19
规上工业企业新产品销售收入与营业收入之比（%）	20.40	24.60
国家高新区营业收入（亿元）	6778.85	10432.82
国家高新区营业收入与地区生产总值之比（%）	48.32	70.41
地区生产总值（亿元）	14030.15	14817.95
人均地区生产总值（万元/人）	16.51	15.93
城乡居民人均可支配收入之比	2.33	2.28
单位地区生产总值能耗（吨标准煤/万元）	0.28	0.26
PM2.5 年平均浓度（微克/立方米）	40	31
居民人均可支配收入（万元/人）	6.44	6.76

无锡市（1）

指标名称	2019 年	2020 年
全社会研发经费支出（亿元）	370.00	389.42
全社会研发经费支出与地区生产总值之比（%）	3.12	3.15
财政科技支出（亿元）	55.21	48.92
财政科技支出占公共财政支出比重（%）	4.94	4.03
万名就业人员中研发人员（人年/万人）	199.50	192.80
普通高校在校学生数（万人）	12.00	13.32
万人普通高校在校学生数（人/万人）	182	178
实际使用外资额（万美元）	361977	362100
人均实际使用外资额（美元/人）	549.16	485.13
基础研究经费（亿元）	1.49	1.83
基础研究经费占研发经费比重（%）	0.40	0.47
“双一流”建设学科数（个）	2	2
国家级科技成果奖数（项当量）	30.64	37.27
规上工业企业研发经费支出（亿元）	328.00	332.05
规上工业企业研发经费支出与营业收入之比（%）	1.83	1.76
科创板上市企业数（家）	8	13
北交所主板上市企业数（家）	—	1
高新技术企业数（家）	2765	3995

无锡市（2）

指标名称	2019 年	2020 年
发明专利拥有量（件）	28954	32471
万人发明专利拥有量（件/万人）	43.93	43.50
技术输出合同成交额（亿元）	181.32	215.46
技术输出合同成交额与地区生产总值之比（%）	1.53	1.74
技术输入合同成交额（亿元）	196.73	226.99
技术输入合同成交额与地区生产总值之比（%）	1.66	1.83
国家级科技企业孵化器、大学科技园、双创示范基地数（个）	38	45
国家级科技企业孵化器、大学科技园新增在孵企业数（家）	467	533
高新技术企业营业收入与规上工业企业营业收入之比（%）	36.22	39.93
规上工业企业新产品销售收入与营业收入之比（%）	21.82	30.61
国家高新区营业收入（亿元）	6103.96	6807.78
国家高新区营业收入与地区生产总值之比（%）	51.50	55.03
地区生产总值（亿元）	11852.32	12370.48
人均地区生产总值（万元/人）	17.98	16.59
城乡居民人均可支配收入之比	1.84	1.81
单位地区生产总值能耗（吨标准煤/万元）	0.34	0.32
PM2.5 年平均浓度（微克/立方米）	39	33
居民人均可支配收入（万元/人）	6.19	6.47

徐州市（1）

指标名称	2019 年	2020 年
全社会研发经费支出（亿元）	125.00	130.73
全社会研发经费支出与地区生产总值之比（%）	1.75	1.79
财政科技支出（亿元）	25.89	21.43
财政科技支出占公共财政支出比重（%）	2.93	2.24
万名就业人员中研发人员（人年/万人）	64.82	67.67
普通高校在校学生数（万人）	13.47	14.59
万人普通高校在校学生数（人/万人）	153	161
实际使用外资额（万美元）	208997	220100
人均实际使用外资额（美元/人）	236.81	242.30
基础研究经费（亿元）	3.63	3.60
基础研究经费占研发经费比重（%）	2.90	2.75
“双一流”建设学科数（个）	2	2
国家级科技成果奖数（项当量）	9.25	22.10
规上工业企业研发经费支出（亿元）	107.18	106.22
规上工业企业研发经费支出与营业收入之比（%）	2.48	2.23
科创板上市企业数（家）	0	0
北交所主板上市企业数（家）	—	0
高新技术企业数（家）	724	1010

徐州市（2）

指标名称	2019 年	2020 年
发明专利拥有量（件）	11944	17099
万人发明专利拥有量（件/万人）	13.53	18.82
技术输出合同成交额（亿元）	38.07	64.47
技术输出合同成交额与地区生产总值之比（%）	0.53	0.88
技术输入合同成交额（亿元）	82.59	170.64
技术输入合同成交额与地区生产总值之比（%）	1.15	2.33
国家级科技企业孵化器、大学科技园、双创示范基地数（个）	20	27
国家级科技企业孵化器、大学科技园新增在孵企业数（家）	240	275
高新技术企业营业收入与规上工业企业营业收入之比（%）	42.67	45.10
规上工业企业新产品销售收入与营业收入之比（%）	24.33	31.23
国家高新区营业收入（亿元）	1123.51	1394.76
国家高新区营业收入与地区生产总值之比（%）	15.71	19.05
地区生产总值（亿元）	7151.35	7319.77
人均地区生产总值（万元/人）	8.10	8.07
城乡居民人均可支配收入之比	1.82	1.77
单位地区生产总值能耗（吨标准煤/万元）	0.28	0.22
PM2.5 年平均浓度（微克/立方米）	57	50
居民人均可支配收入（万元/人）	3.62	3.75

常州市（1）

指标名称	2019 年	2020 年
全社会研发经费支出（亿元）	221.00	256.06
全社会研发经费支出与地区生产总值之比（%）	2.99	3.28
财政科技支出（亿元）	26.73	21.87
财政科技支出占公共财政支出比重（%）	4.09	3.01
万名就业人员中研发人员（人年/万人）	207.91	204.50
普通高校在校学生数（万人）	13.00	14.50
万人普通高校在校学生数（人/万人）	274	275
实际使用外资额（万美元）	262812	287800
人均实际使用外资额（美元/人）	554.92	545.12
基础研究经费（亿元）	0.75	0.37
基础研究经费占研发经费比重（%）	0.34	0.14
“双一流”建设学科数（个）	0	0
国家级科技成果奖数（项当量）	7.47	6.79
规上工业企业研发经费支出（亿元）	197.50	242.98
规上工业企业研发经费支出与营业收入之比（%）	1.77	2.11
科创板上市企业数（家）	3	4
北交所主板上市企业数（家）	—	2
高新技术企业数（家）	1743	2482

常州市（2）

指标名称	2019 年	2020 年
发明专利拥有量（件）	17307	19330
万人发明专利拥有量（件/万人）	36.54	36.61
技术输出合同成交额（亿元）	102.33	142.18
技术输出合同成交额与地区生产总值之比（%）	1.38	1.82
技术输入合同成交额（亿元）	148.47	172.58
技术输入合同成交额与地区生产总值之比（%）	2.01	2.21
国家级科技企业孵化器、大学科技园、双创示范基地数（个）	34	41
国家级科技企业孵化器、大学科技园新增在孵企业数（家）	359	534
高新技术企业营业收入与规上工业企业营业收入之比（%）	33.70	39.23
规上工业企业新产品销售收入与营业收入之比（%）	23.02	29.09
国家高新区营业收入（亿元）	4731.93	5345.89
国家高新区营业收入与地区生产总值之比（%）	63.94	68.49
地区生产总值（亿元）	7400.86	7805.32
人均地区生产总值（万元/人）	15.63	14.79
城乡居民人均可支配收入之比	1.91	1.87
单位地区生产总值能耗（吨标准煤/万元）	0.25	0.24
PM2.5 年平均浓度（微克/立方米）	44	39
居民人均可支配收入（万元/人）	5.83	6.05

苏州市（1）

指标名称	2019 年	2020 年
全社会研发经费支出（亿元）	700.34	761.59
全社会研发经费支出与地区生产总值之比（%）	3.64	3.78
财政科技支出（亿元）	181.58	216.28
财政科技支出占公共财政支出比重（%）	8.48	9.56
万名就业人员中研发人员（人年/万人）	202.82	196.65
普通高校在校学生数（万人）	24.90	26.32
万人普通高校在校学生数（人/万人）	232	206
实际使用外资额（万美元）	461545	554000
人均实际使用外资额（美元/人）	429.35	434.52
基础研究经费（亿元）	8.42	7.19
基础研究经费占研发经费比重（%）	1.20	0.94
“双一流”建设学科数（个）	1	1
国家级科技成果奖数（项当量）	52.23	15.71
规上工业企业研发经费支出（亿元）	629.78	679.77
规上工业企业研发经费支出与营业收入之比（%）	1.78	1.84
科创板上市企业数（家）	33	46
北交所主板上市企业数（家）	—	5
高新技术企业数（家）	6971	9676

苏州市（2）

指标名称	2019 年	2020 年
发明专利拥有量（件）	63066	74283
万人发明专利拥有量（件/万人）	58.67	58.26
技术输出合同成交额（亿元）	265.65	363.84
技术输出合同成交额与地区生产总值之比（%）	1.38	1.80
技术输入合同成交额（亿元）	325.07	414.30
技术输入合同成交额与地区生产总值之比（%）	1.69	2.05
国家级科技企业孵化器、大学科技园、双创示范基地数（个）	101	123
国家级科技企业孵化器、大学科技园新增在孵企业数（家）	1143	1305
高新技术企业营业收入与规上工业企业营业收入之比（%）	41.12	43.82
规上工业企业新产品销售收入与营业收入之比（%）	29.56	37.04
国家高新区营业收入（亿元）	12149.97	13414.99
国家高新区营业收入与地区生产总值之比（%）	63.16	66.51
地区生产总值（亿元）	19235.80	20170.45
人均地区生产总值（万元/人）	17.89	15.85
城乡居民人均可支配收入之比	1.95	1.89
单位地区生产总值能耗（吨标准煤/万元）	0.47	0.43
PM2.5 年平均浓度（微克/立方米）	36	31
居民人均可支配收入（万元/人）	6.86	7.10

南通市（1）

指标名称	2019 年	2020 年
全社会研发经费支出（亿元）	233.00	256.43
全社会研发经费支出与地区生产总值之比（%）	2.48	2.56
财政科技支出（亿元）	33.01	41.04
财政科技支出占公共财政支出比重（%）	3.39	3.80
万名就业人员中研发人员（人年/万人）	118.92	116.59
普通高校在校学生数（万人）	11.19	12.51
万人普通高校在校学生数（人/万人）	153	162
实际使用外资额（万美元）	266528	271200
人均实际使用外资额（美元/人）	364.21	350.93
基础研究经费（亿元）	1.01	0.96
基础研究经费占研发经费比重（%）	0.43	0.38
“双一流”建设学科数（个）	0	0
国家级科技成果奖数（项当量）	3.40	2.36
规上工业企业研发经费支出（亿元）	216.01	187.43
规上工业企业研发经费支出与营业收入之比（%）	2.64	2.13
科创板上市企业数（家）	4	5
北交所主板上市企业数（家）	—	3
高新技术企业数（家）	1691	2153

南通市（2）

指标名称	2019 年	2020 年
发明专利拥有量（件）	21810	26996
万人发明专利拥有量（件/万人）	29.80	34.93
技术输出合同成交额（亿元）	100.05	190.88
技术输出合同成交额与地区生产总值之比（%）	1.07	1.90
技术输入合同成交额（亿元）	137.16	159.88
技术输入合同成交额与地区生产总值之比（%）	1.46	1.59
国家级科技企业孵化器、大学科技园、双创示范基地数（个）	24	26
国家级科技企业孵化器、大学科技园新增在孵企业数（家）	274	321
高新技术企业营业收入与规上工业企业营业收入之比（%）	42.49	42.19
规上工业企业新产品销售收入与营业收入之比（%）	32.01	38.96
国家高新区营业收入（亿元）	2576.36	2599.38
国家高新区营业收入与地区生产总值之比（%）	27.46	25.90
地区生产总值（亿元）	9383.39	10036.31
人均地区生产总值（万元/人）	12.82	12.99
城乡居民人均可支配收入之比	2.07	2.01
单位地区生产总值能耗（吨标准煤/万元）	0.26	0.29
PM2.5 年平均浓度（微克/立方米）	37	34
居民人均可支配收入（万元/人）	5.02	5.25

连云港市（1）

指标名称	2019 年	2020 年
全社会研发经费支出（亿元）	51.81	73.36
全社会研发经费支出与地区生产总值之比（%）	1.65	2.24
财政科技支出（亿元）	14.07	8.34
财政科技支出占公共财政支出比重（%）	3.02	1.66
万名就业人员中研发人员（人年/万人）	53.16	31.23
普通高校在校学生数（万人）	4.70	5.40
万人普通高校在校学生数（人/万人）	104	117
实际使用外资额（万美元）	61402	67600
人均实际使用外资额（美元/人）	136.12	146.92
基础研究经费（亿元）	0.12	0.11
基础研究经费占研发经费比重（%）	0.23	0.15
“双一流”建设学科数（个）	0	0
国家级科技成果奖数（项当量）	0	0.69
规上工业企业研发经费支出（亿元）	48.13	69.07
规上工业企业研发经费支出与营业收入之比（%）	1.77	2.42
科创板上市企业数（家）	2	3
北交所主板上市企业数（家）	—	1
高新技术企业数（家）	334	396

连云港市（2）

指标名称	2019 年	2020 年
发明专利拥有量（件）	3310	3922
万人发明专利拥有量（件/万人）	7.34	8.52
技术输出合同成交额（亿元）	21.11	38.62
技术输出合同成交额与地区生产总值之比（%）	0.67	1.18
技术输入合同成交额（亿元）	37.91	89.83
技术输入合同成交额与地区生产总值之比（%）	1.21	2.74
国家级科技企业孵化器、大学科技园、双创示范基地数（个）	5	5
国家级科技企业孵化器、大学科技园新增在孵企业数（家）	24	30
高新技术企业营业收入与规上工业企业营业收入之比（%）	40.63	37.74
规上工业企业新产品销售收入与营业收入之比（%）	25.16	25.88
国家高新区营业收入（亿元）	679.57	765.08
国家高新区营业收入与地区生产总值之比（%）	21.65	23.35
地区生产总值（亿元）	3139.29	3277.07
人均地区生产总值（万元/人）	6.96	7.13
城乡居民人均可支配收入之比	1.96	1.91
单位地区生产总值能耗（吨标准煤/万元）	0.29	0.26
PM2.5 年平均浓度（微克/立方米）	42	37
居民人均可支配收入（万元/人）	3.54	3.67

淮安市（1）

指标名称	2019 年	2020 年
全社会研发经费支出（亿元）	56.17	69.88
全社会研发经费支出与地区生产总值之比（%）	1.45	1.74
财政科技支出（亿元）	9.07	8.37
财政科技支出占公共财政支出比重（%）	1.71	1.47
万名就业人员中研发人员（人年/万人）	43.68	47.03
普通高校在校学生数（万人）	7.56	4.92
万人普通高校在校学生数（人/万人）	153	108
实际使用外资额（万美元）	104854	105900
人均实际使用外资额（美元/人）	212.57	232.28
基础研究经费（亿元）	0.54	0.45
基础研究经费占研发经费比重（%）	0.95	0.65
“双一流”建设学科数（个）	0	0
国家级科技成果奖数（项当量）	0	0
规上工业企业研发经费支出（亿元）	51.24	52.39
规上工业企业研发经费支出与营业收入之比（%）	2.17	2.11
科创板上市企业数（家）	0	0
北交所主板上市企业数（家）	—	1
高新技术企业数（家）	404	552

淮安市（2）

指标名称	2019 年	2020 年
发明专利拥有量（件）	2559	3430
万人发明专利拥有量（件/万人）	5.19	7.52
技术输出合同成交额（亿元）	17.44	40.32
技术输出合同成交额与地区生产总值之比（%）	0.45	1.00
技术输入合同成交额（亿元）	54.19	42.85
技术输入合同成交额与地区生产总值之比（%）	1.40	1.06
国家级科技企业孵化器、大学科技园、双创示范基地数（个）	4	5
国家级科技企业孵化器、大学科技园新增在孵企业数（家）	38	54
高新技术企业营业收入与规上工业企业营业收入之比（%）	28.44	32.81
规上工业企业新产品销售收入与营业收入之比（%）	18.44	23.00
国家高新区营业收入（亿元）	158.49	174.16
国家高新区营业收入与地区生产总值之比（%）	4.09	4.33
地区生产总值（亿元）	3871.21	4025.37
人均地区生产总值（万元/人）	7.85	8.75
城乡居民人均可支配收入之比	2.10	2.04
单位地区生产总值能耗（吨标准煤/万元）	0.38	0.38
PM2.5 年平均浓度（微克/立方米）	44	42
居民人均可支配收入（万元/人）	3.90	4.03

盐城市（1）

指标名称	2019 年	2020 年
全社会研发经费支出（亿元）	123.00	123.65
全社会研发经费支出与地区生产总值之比（%）	2.16	2.08
财政科技支出（亿元）	26.64	26.75
财政科技支出占公共财政支出比重（%）	3.04	2.75
万名就业人员中研发人员（人年/万人）	61.85	67.53
普通高校在校学生数（万人）	6.74	7.21
万人普通高校在校学生数（人/万人）	94	107
实际使用外资额（万美元）	91314	101200
人均实际使用外资额（美元/人）	126.67	150.81
基础研究经费（亿元）	0.85	0.80
基础研究经费占研发经费比重（%）	0.69	0.65
“双一流”建设学科数（个）	0	0
国家级科技成果奖数（项当量）	0.98	1.31
规上工业企业研发经费支出（亿元）	100.68	100.54
规上工业企业研发经费支出与营业收入之比（%）	2.16	1.91
科创板上市企业数（家）	0	0
北交所主板上市企业数（家）	—	0
高新技术企业数（家）	1161	1486

盐城市（2）

指标名称	2019年	2020年
发明专利拥有量（件）	6721	10407
万人发明专利拥有量（件/万人）	9.32	15.51
技术输出合同成交额（亿元）	19.40	53.77
技术输出合同成交额与地区生产总值之比（%）	0.34	0.90
技术输入合同成交额（亿元）	42.23	75.31
技术输入合同成交额与地区生产总值之比（%）	0.74	1.26
国家级科技企业孵化器、大学科技园、双创示范基地数（个）	21	23
国家级科技企业孵化器、大学科技园新增在孵企业数（家）	220	214
高新技术企业营业收入与规上工业企业营业收入之比（%）	45.51	44.12
规上工业企业新产品销售收入与营业收入之比（%）	13.87	16.05
国家高新区营业收入（亿元）	429.73	718.01
国家高新区营业收入与地区生产总值之比（%）	7.54	12.06
地区生产总值（亿元）	5702.26	5953.38
人均地区生产总值（万元/人）	7.91	8.87
城乡居民人均可支配收入之比	1.74	1.71
单位地区生产总值能耗（吨标准煤/万元）	0.28	0.30
PM2.5年平均浓度（微克/立方米）	39	33
居民人均可支配收入（万元/人）	3.88	4.04

扬州市（1）

指标名称	2019 年	2020 年
全社会研发经费支出（亿元）	147.42	129.13
全社会研发经费支出与地区生产总值之比（%）	2.52	2.13
财政科技支出（亿元）	17.34	12.47
财政科技支出占公共财政支出比重（%）	2.83	1.87
万名就业人员中研发人员（人年/万人）	105.38	105.51
普通高校在校学生数（万人）	8.70	9.92
万人普通高校在校学生数（人/万人）	191	217
实际使用外资额（万美元）	138756	147000
人均实际使用外资额（美元/人）	305.03	322.30
基础研究经费（亿元）	0.76	1.53
基础研究经费占研发经费比重（%）	0.51	1.18
“双一流”建设学科数（个）	0	0
国家级科技成果奖数（项当量）	17.75	2.38
规上工业企业研发经费支出（亿元）	119.48	101.38
规上工业企业研发经费支出与营业收入之比（%）	2.46	1.96
科创板上市企业数（家）	1	1
北交所主板上市企业数（家）	—	0
高新技术企业数（家）	1267	1620

扬州市（2）

指标名称	2019 年	2020 年
发明专利拥有量（件）	6874	8452
万人发明专利拥有量（件/万人）	15.11	18.53
技术输出合同成交额（亿元）	56.14	126.35
技术输出合同成交额与地区生产总值之比（%）	0.96	2.09
技术输入合同成交额（亿元）	63.02	95.81
技术输入合同成交额与地区生产总值之比（%）	1.08	1.58
国家级科技企业孵化器、大学科技园、双创示范基地数（个）	22	23
国家级科技企业孵化器、大学科技园新增在孵企业数（家）	177	137
高新技术企业营业收入与规上工业企业营业收入之比（%）	44.18	46.55
规上工业企业新产品销售收入与营业收入之比（%）	29.25	36.05
国家高新区营业收入（亿元）	388.02	422.58
国家高新区营业收入与地区生产总值之比（%）	6.63	6.99
地区生产总值（亿元）	5850.08	6048.33
人均地区生产总值（万元/人）	12.86	13.28
城乡居民人均可支配收入之比	1.95	1.90
单位地区生产总值能耗（吨标准煤/万元）	0.27	0.25
PM2.5 年平均浓度（微克/立方米）	43	36
居民人均可支配收入（万元/人）	4.56	4.72

镇江市（1）

指标名称	2019 年	2020 年
全社会研发经费支出（亿元）	83.00	97.57
全社会研发经费支出与地区生产总值之比（%）	2.01	2.31
财政科技支出（亿元）	18.31	16.53
财政科技支出占公共财政支出比重（%）	3.93	3.31
万名就业人员中研发人员（人年/万人）	99.56	139.35
普通高校在校学生数（万人）	10.01	9.33
万人普通高校在校学生数（人/万人）	313	291
实际使用外资额（万美元）	65957	78800
人均实际使用外资额（美元/人）	205.89	245.41
基础研究经费（亿元）	2.47	2.91
基础研究经费占研发经费比重（%）	2.97	2.98
“双一流”建设学科数（个）	0	0
国家级科技成果奖数（项当量）	15.97	7.23
规上工业企业研发经费支出（亿元）	70.57	72.09
规上工业企业研发经费支出与营业收入之比（%）	1.86	1.84
科创板上市企业数（家）	3	3
北交所主板上市企业数（家）	—	1
高新技术企业数（家）	941	1178

镇江市（2）

指标名称	2019 年	2020 年
发明专利拥有量（件）	12847	13378
万人发明专利拥有量（件/万人）	40.10	41.66
技术输出合同成交额（亿元）	32.72	55.04
技术输出合同成交额与地区生产总值之比（%）	0.79	1.30
技术输入合同成交额（亿元）	52.81	37.20
技术输入合同成交额与地区生产总值之比（%）	1.28	0.88
国家级科技企业孵化器、大学科技园、双创示范基地数（个）	16	18
国家级科技企业孵化器、大学科技园新增在孵企业数（家）	143	157
高新技术企业营业收入与规上工业企业营业收入之比（%）	47.77	51.43
规上工业企业新产品销售收入与营业收入之比（%）	25.49	46.87
国家高新区营业收入（亿元）	725.40	555.70
国家高新区营业收入与地区生产总值之比（%）	17.58	13.17
地区生产总值（亿元）	4127.32	4220.09
人均地区生产总值（万元/人）	12.88	13.16
城乡居民人均可支配收入之比	1.97	1.92
单位地区生产总值能耗（吨标准煤/万元）	0.47	0.48
PM2.5 年平均浓度（微克/立方米）	45	38
居民人均可支配收入（万元/人）	5.27	5.46

泰州市（1）

指标名称	2019 年	2020 年
全社会研发经费支出（亿元）	133.00	138.50
全社会研发经费支出与地区生产总值之比（%）	2.59	2.61
财政科技支出（亿元）	17.75	11.53
财政科技支出占公共财政支出比重（%）	2.99	1.84
万名就业人员中研发人员（人年/万人）	81.02	84.26
普通高校在校学生数（万人）	6.58	6.88
万人普通高校在校学生数（人/万人）	142	152
实际使用外资额（万美元）	146864	165000
人均实际使用外资额（美元/人）	316.78	365.30
基础研究经费（亿元）	0.33	0.20
基础研究经费占研发经费比重（%）	0.25	0.14
“双一流”建设学科数（个）	0	0
国家级科技成果奖数（项当量）	0.98	1.04
规上工业企业研发经费支出（亿元）	122.94	115.83
规上工业企业研发经费支出与营业收入之比（%）	2.23	1.97
科创板上市企业数（家）	3	4
北交所主板上市企业数（家）	—	1
高新技术企业数（家）	967	1243

泰州市（2）

指标名称	2019 年	2020 年
发明专利拥有量（件）	7375	9809
万人发明专利拥有量（件/万人）	15.91	21.72
技术输出合同成交额（亿元）	34.11	95.66
技术输出合同成交额与地区生产总值之比（%）	0.66	1.80
技术输入合同成交额（亿元）	28.88	107.05
技术输入合同成交额与地区生产总值之比（%）	0.56	2.02
国家级科技企业孵化器、大学科技园、双创示范基地数（个）	10	11
国家级科技企业孵化器、大学科技园新增在孵企业数（家）	189	158
高新技术企业营业收入与规上工业企业营业收入之比（%）	33.87	35.34
规上工业企业新产品销售收入与营业收入之比（%）	23.86	31.23
国家高新区营业收入（亿元）	1170.53	1184.56
国家高新区营业收入与地区生产总值之比（%）	22.80	22.30
地区生产总值（亿元）	5133.36	5312.77
人均地区生产总值（万元/人）	11.07	11.75
城乡居民人均可支配收入之比	2.04	1.99
单位地区生产总值能耗（吨标准煤/万元）	0.18	0.17
PM2.5 年平均浓度（微克/立方米）	41	35
居民人均可支配收入（万元/人）	4.72	4.91

宿迁市（1）

指标名称	2019 年	2020 年
全社会研发经费支出（亿元）	56.16	59.57
全社会研发经费支出与地区生产总值之比（%）	1.81	1.83
财政科技支出（亿元）	14.84	15.82
财政科技支出占公共财政支出比重（%）	2.93	2.68
万名就业人员中研发人员（人年/万人）	32.43	34.82
普通高校在校学生数（万人）	1.33	2.84
万人普通高校在校学生数（人/万人）	27	57
实际使用外资额（万美元）	44556	55600
人均实际使用外资额（美元/人）	90.23	111.46
基础研究经费（亿元）	0.04	0.04
基础研究经费占研发经费比重（%）	0.07	0.07
“双一流”建设学科数（个）	0	0
国家级科技成果奖数（项当量）	0	0
规上工业企业研发经费支出（亿元）	49.77	49.49
规上工业企业研发经费支出与营业收入之比（%）	1.92	1.67
科创板上市企业数（家）	0	0
北交所主板上市企业数（家）	—	0
高新技术企业数（家）	334	465

宿迁市（2）

指标名称	2019 年	2020 年
发明专利拥有量（件）	1562	2201
万人发明专利拥有量（件/万人）	3.16	4.41
技术输出合同成交额（亿元）	14.78	24.99
技术输出合同成交额与地区生产总值之比（%）	0.48	0.77
技术输入合同成交额（亿元）	21.40	29.77
技术输入合同成交额与地区生产总值之比（%）	0.69	0.91
国家级科技企业孵化器、大学科技园、双创示范基地数（个）	1	3
国家级科技企业孵化器、大学科技园新增在孵企业数（家）	18	16
高新技术企业营业收入与规上工业企业营业收入之比（%）	25.50	26.95
规上工业企业新产品销售收入与营业收入之比（%）	33.77	35.60
国家高新区营业收入（亿元）	334.37	384.15
国家高新区营业收入与地区生产总值之比（%）	10.79	11.78
地区生产总值（亿元）	3099.23	3262.37
人均地区生产总值（万元/人）	6.28	6.55
城乡居民人均可支配收入之比	1.69	1.64
单位地区生产总值能耗（吨标准煤/万元）	0.28	0.27
PM2.5 年平均浓度（微克/立方米）	47	45
居民人均可支配收入（万元/人）	3.06	3.20

杭州市（1）

指标名称	2019 年	2020 年
全社会研发经费支出（亿元）	530.42	578.79
全社会研发经费支出与地区生产总值之比（%）	3.45	3.59
财政科技支出（亿元）	148.19	144.33
财政科技支出占公共财政支出比重（%）	7.59	6.97
万名就业人员中研发人员（人年/万人）	175.38	199.66
普通高校在校学生数（万人）	44.67	46.60
万人普通高校在校学生数（人/万人）	431	389
实际使用外资额（万美元）	612818	720163
人均实际使用外资额（美元/人）	591.52	601.89
基础研究经费（亿元）	32.51	34.03
基础研究经费占研发经费比重（%）	6.13	5.88
“双一流”建设学科数（个）	19	22
国家级科技成果奖数（项当量）	143.51	200.87
规上工业企业研发经费支出（亿元）	296.90	307.23
规上工业企业研发经费支出与营业收入之比（%）	1.86	1.85
科创板上市企业数（家）	16	24
北交所主板上市企业数（家）	—	3
高新技术企业数（家）	5462	7620

杭州市（2）

指标名称	2019 年	2020 年
发明专利拥有量（件）	58651	73772
万人发明专利拥有量（件/万人）	56.61	61.66
技术输出合同成交额（亿元）	267.49	336.11
技术输出合同成交额与地区生产总值之比（%）	1.74	2.09
技术输入合同成交额（亿元）	367.22	444.78
技术输入合同成交额与地区生产总值之比（%）	2.39	2.76
国家级科技企业孵化器、大学科技园、双创示范基地数（个）	101	126
国家级科技企业孵化器、大学科技园新增在孵企业数（家）	957	967
高新技术企业营业收入与规上工业企业营业收入之比（%）	84.12	97.35
规上工业企业新产品销售收入与营业收入之比（%）	37.07	39.24
国家高新区营业收入（亿元）	10496.74	11358.91
国家高新区营业收入与地区生产总值之比（%）	68.28	70.53
地区生产总值（亿元）	15373.05	16106.00
人均地区生产总值（万元/人）	14.84	13.66
城乡居民人均可支配收入之比	1.82	1.77
单位地区生产总值能耗（吨标准煤/万元）	0.31	0.29
PM2.5 年平均浓度（微克/立方米）	38	30
居民人均可支配收入（万元/人）	6.61	6.87

宁波市（1）

指标名称	2019 年	2020 年
全社会研发经费支出（亿元）	323.95	354.84
全社会研发经费支出与地区生产总值之比（%）	2.70	2.86
财政科技支出（亿元）	124.16	112.59
财政科技支出占公共财政支出比重（%）	7.02	6.46
万名就业人员中研发人员（人年/万人）	178.00	182.21
普通高校在校学生数（万人）	15.65	16.83
万人普通高校在校学生数（人/万人）	183	179
实际使用外资额（万美元）	236341	246777
人均实际使用外资额（美元/人）	276.68	261.97
基础研究经费（亿元）	4.82	4.84
基础研究经费占研发经费比重（%）	1.49	1.36
“双一流”建设学科数（个）	1	1
国家级科技成果奖数（项当量）	11.85	18.53
规上工业企业研发经费支出（亿元）	263.10	289.01
规上工业企业研发经费支出与营业收入之比（%）	1.46	1.57
科创板上市企业数（家）	3	4
北交所主板上市企业数（家）	—	1
高新技术企业数（家）	2131	3085

宁波市（2）

指标名称	2019 年	2020 年
发明专利拥有量（件）	26870	30689
万人发明专利拥有量（件/万人）	31.46	32.58
技术输出合同成交额（亿元）	87.76	167.16
技术输出合同成交额与地区生产总值之比（%）	0.73	1.35
技术输入合同成交额（亿元）	171.62	314.18
技术输入合同成交额与地区生产总值之比（%）	1.43	2.53
国家级科技企业孵化器、大学科技园、双创示范基地数（个）	39	46
国家级科技企业孵化器、大学科技园新增在孵企业数（家）	467	343
高新技术企业营业收入与规上工业企业营业收入之比（%）	34.34	38.19
规上工业企业新产品销售收入与营业收入之比（%）	32.39	31.77
国家高新区营业收入（亿元）	4618.29	5500.40
国家高新区营业收入与地区生产总值之比（%）	38.53	44.33
地区生产总值（亿元）	11985.12	12409.00
人均地区生产总值（万元/人）	14.03	13.26
城乡居民人均可支配收入之比	1.77	1.74
单位地区生产总值能耗（吨标准煤/万元）	0.38	0.37
PM2.5 年平均浓度（微克/立方米）	29	23
居民人均可支配收入（万元/人）	6.49	6.80

温州市（1）

指标名称	2019 年	2020 年
全社会研发经费支出（亿元）	140.31	157.73
全社会研发经费支出与地区生产总值之比（%）	2.12	2.30
财政科技支出（亿元）	23.53	27.77
财政科技支出占公共财政支出比重（%）	2.17	2.70
万名就业人员中研发人员（人年/万人）	114.84	116.91
普通高校在校学生数（万人）	10.43	12.07
万人普通高校在校学生数（人/万人）	112	126
实际使用外资额（万美元）	75842	32718
人均实际使用外资额（美元/人）	81.55	34.13
基础研究经费（亿元）	5.49	4.90
基础研究经费占研发经费比重（%）	3.91	3.11
“双一流”建设学科数（个）	0	0
国家级科技成果奖数（项当量）	1.04	13.38
规上工业企业研发经费支出（亿元）	112.17	122.52
规上工业企业研发经费支出与营业收入之比（%）	2.39	2.29
科创板上市企业数（家）	0	0
北交所主板上市企业数（家）	—	0
高新技术企业数（家）	1794	2368

温州市（2）

指标名称	2019 年	2020 年
发明专利拥有量（件）	12842	17124
万人发明专利拥有量（件/万人）	13.81	17.86
技术输出合同成交额（亿元）	177.81	286.52
技术输出合同成交额与地区生产总值之比（%）	2.69	4.17
技术输入合同成交额（亿元）	113.80	128.56
技术输入合同成交额与地区生产总值之比（%）	1.72	1.87
国家级科技企业孵化器、大学科技园、双创示范基地数（个）	19	20
国家级科技企业孵化器、大学科技园新增在孵企业数（家）	241	96
高新技术企业营业收入与规上工业企业营业收入之比（%）	45.77	50.16
规上工业企业新产品销售收入与营业收入之比（%）	35.70	34.82
国家高新区营业收入（亿元）	768.31	1209.57
国家高新区营业收入与地区生产总值之比（%）	11.63	17.60
地区生产总值（亿元）	6606.11	6871.00
人均地区生产总值（万元/人）	7.10	7.18
城乡居民人均可支配收入之比	2.02	1.96
单位地区生产总值能耗（吨标准煤/万元）	0.31	0.30
PM2.5 年平均浓度（微克/立方米）	26	23
居民人均可支配收入（万元/人）	6.10	6.35

嘉兴市（1）

指标名称	2019 年	2020 年
全社会研发经费支出（亿元）	164.66	182.53
全社会研发经费支出与地区生产总值之比（%）	3.07	3.31
财政科技支出（亿元）	33.04	34.01
财政科技支出占公共财政支出比重（%）	4.31	4.78
万名就业人员中研发人员（人年/万人）	139.72	162.45
普通高校在校学生数（万人）	7.24	7.63
万人普通高校在校学生数（人/万人）	151	141
实际使用外资额（万美元）	412541	264655
人均实际使用外资额（美元/人）	859.46	489.11
基础研究经费（亿元）	1.04	0.70
基础研究经费占研发经费比重（%）	0.63	0.39
“双一流”建设学科数（个）	0	0
国家级科技成果奖数（项当量）	4.86	5.98
规上工业企业研发经费支出（亿元）	153.01	170.43
规上工业企业研发经费支出与营业收入之比（%）	1.43	1.56
科创板上市企业数（家）	3	4
北交所主板上市企业数（家）	—	3
高新技术企业数（家）	1733	2355

嘉兴市（2）

指标名称	2019 年	2020 年
发明专利拥有量（件）	15607	20074
万人发明专利拥有量（件/万人）	32.51	37.10
技术输出合同成交额（亿元）	94.67	100.98
技术输出合同成交额与地区生产总值之比（%）	1.76	1.83
技术输入合同成交额（亿元）	110.11	99.84
技术输入合同成交额与地区生产总值之比（%）	2.05	1.81
国家级科技企业孵化器、大学科技园、双创示范基地数（个）	22	31
国家级科技企业孵化器、大学科技园新增在孵企业数（家）	219	231
高新技术企业营业收入与规上工业企业营业收入之比（%）	40.46	46.86
规上工业企业新产品销售收入与营业收入之比（%）	39.20	41.19
国家高新区营业收入（亿元）	826.43	895.87
国家高新区营业收入与地区生产总值之比（%）	15.39	16.26
地区生产总值（亿元）	5370.32	5510.00
人均地区生产总值（万元/人）	11.19	10.25
城乡居民人均可支配收入之比	1.66	1.61
单位地区生产总值能耗（吨标准煤/万元）	0.40	0.41
PM2.5 年平均浓度（微克/立方米）	35	28
居民人均可支配收入（万元/人）	6.19	6.41

湖州市（1）

指标名称	2019 年	2020 年
全社会研发经费支出（亿元）	87.01	98.82
全社会研发经费支出与地区生产总值之比（%）	2.79	3.09
财政科技支出（亿元）	18.71	19.51
财政科技支出占公共财政支出比重（%）	4.01	4.03
万名就业人员中研发人员（人年/万人）	139.52	160.35
普通高校在校学生数（万人）	2.88	3.38
万人普通高校在校学生数（人/万人）	94	100
实际使用外资额（万美元）	189881	121044
人均实际使用外资额（美元/人）	620.53	358.97
基础研究经费（亿元）	0.24	0.59
基础研究经费占研发经费比重（%）	0.27	0.60
“双一流”建设学科数（个）	0	0
国家级科技成果奖数（项当量）	1.04	0
规上工业企业研发经费支出（亿元）	80.98	91.95
规上工业企业研发经费支出与营业收入之比（%）	1.69	1.79
科创板上市企业数（家）	3	3
北交所主板上市企业数（家）	—	0
高新技术企业数（家）	936	1142

湖州市（2）

指标名称	2019 年	2020 年
发明专利拥有量（件）	10752	12405
万人发明专利拥有量（件/万人）	35.14	36.79
技术输出合同成交额（亿元）	52.14	93.05
技术输出合同成交额与地区生产总值之比（%）	1.67	2.91
技术输入合同成交额（亿元）	56.38	68.33
技术输入合同成交额与地区生产总值之比（%）	1.81	2.13
国家级科技企业孵化器、大学科技园、双创示范基地数（个）	15	16
国家级科技企业孵化器、大学科技园新增在孵企业数（家）	139	235
高新技术企业营业收入与规上工业企业营业收入之比（%）	41.50	48.10
规上工业企业新产品销售收入与营业收入之比（%）	34.82	41.00
国家高新区营业收入（亿元）	623.21	667.08
国家高新区营业收入与地区生产总值之比（%）	19.96	20.84
地区生产总值（亿元）	3122.43	3201.00
人均地区生产总值（万元/人）	10.20	9.56
城乡居民人均可支配收入之比	1.70	1.66
单位地区生产总值能耗（吨标准煤/万元）	0.45	0.27
PM2.5 年平均浓度（微克/立方米）	32	26
居民人均可支配收入（万元/人）	5.90	6.17

绍兴市（1）

指标名称	2019 年	2020 年
全社会研发经费支出（亿元）	152.98	167.98
全社会研发经费支出与地区生产总值之比（%）	2.65	2.80
财政科技支出（亿元）	46.89	30.72
财政科技支出占公共财政支出比重（%）	7.32	4.60
万名就业人员中研发人员（人年/万人）	143.28	163.99
普通高校在校学生数（万人）	10.42	11.67
万人普通高校在校学生数（人/万人）	206	221
实际使用外资额（万美元）	65739	72139
人均实际使用外资额（美元/人）	130.00	136.34
基础研究经费（亿元）	0.33	0.41
基础研究经费占研发经费比重（%）	0.22	0.25
“双一流”建设学科数（个）	0	0
国家级科技成果奖数（项当量）	10.69	2.42
规上工业企业研发经费支出（亿元）	143.96	154.93
规上工业企业研发经费支出与营业收入之比（%）	2.05	2.34
科创板上市企业数（家）	0	1
北交所主板上市企业数（家）	—	0
高新技术企业数（家）	1336	1770

绍兴市（2）

指标名称	2019 年	2020 年
发明专利拥有量（件）	10959	13162
万人发明专利拥有量（件/万人）	21.67	24.88
技术输出合同成交额（亿元）	40.79	180.62
技术输出合同成交额与地区生产总值之比（%）	0.71	3.01
技术输入合同成交额（亿元）	40.06	168.50
技术输入合同成交额与地区生产总值之比（%）	0.69	2.81
国家级科技企业孵化器、大学科技园、双创示范基地数（个）	3	7
国家级科技企业孵化器、大学科技园新增在孵企业数（家）	37	38
高新技术企业营业收入与规上工业企业营业收入之比（%）	38.14	43.24
规上工业企业新产品销售收入与营业收入之比（%）	33.76	33.59
国家高新区营业收入（亿元）	835.07	1009.92
国家高新区营业收入与地区生产总值之比（%）	14.45	16.83
地区生产总值（亿元）	5780.74	6001.00
人均地区生产总值（万元/人）	11.43	11.37
城乡居民人均可支配收入之比	1.77	1.72
单位地区生产总值能耗（吨标准煤/万元）	0.43	0.40
PM2.5 年平均浓度（微克/立方米）	36	28
居民人均可支配收入（万元/人）	6.39	6.67

金华市（1）

指标名称	2019 年	2020 年
全社会研发经费支出（亿元）	84.14	94.51
全社会研发经费支出与地区生产总值之比（%）	1.85	2.01
财政科技支出（亿元）	24.79	20.44
财政科技支出占公共财政支出比重（%）	3.73	2.91
万名就业人员中研发人员（人年/万人）	113.79	113.93
普通高校在校学生数（万人）	8.13	10.46
万人普通高校在校学生数（人/万人）	145	148
实际使用外资额（万美元）	21657	32533
人均实际使用外资额（美元/人）	38.51	46.07
基础研究经费（亿元）	1.45	1.52
基础研究经费占研发经费比重（%）	1.73	1.61
“双一流”建设学科数（个）	0	0
国家级科技成果奖数（项当量）	6.90	0
规上工业企业研发经费支出（亿元）	74.65	83.05
规上工业企业研发经费支出与营业收入之比（%）	1.77	1.85
科创板上市企业数（家）	0	0
北交所主板上市企业数（家）	—	0
高新技术企业数（家）	977	1347

金华市（2）

指标名称	2019 年	2020 年
发明专利拥有量（件）	6875	10245
万人发明专利拥有量（件/万人）	12.22	14.51
技术输出合同成交额（亿元）	94.99	85.40
技术输出合同成交额与地区生产总值之比（%）	2.08	1.82
技术输入合同成交额（亿元）	81.37	118.16
技术输入合同成交额与地区生产总值之比（%）	1.78	2.51
国家级科技企业孵化器、大学科技园、双创示范基地数（个）	4	7
国家级科技企业孵化器、大学科技园新增在孵企业数（家）	73	70
高新技术企业营业收入与规上工业企业营业收入之比（%）	38.13	43.57
规上工业企业新产品销售收入与营业收入之比（%）	31.82	34.88
国家高新区营业收入（亿元）	0	0
国家高新区营业收入与地区生产总值之比（%）	0	0
地区生产总值（亿元）	4559.91	4704.00
人均地区生产总值（万元/人）	8.11	6.73
城乡居民人均可支配收入之比	2.08	2.03
单位地区生产总值能耗（吨标准煤/万元）	0.39	0.39
PM2.5 年平均浓度（微克/立方米）	31	26
居民人均可支配收入（万元/人）	5.93	6.15

台州市（1）

指标名称	2019 年	2020 年
全社会研发经费支出（亿元）	102.30	119.00
全社会研发经费支出与地区生产总值之比（%）	1.99	2.26
财政科技支出（亿元）	28.79	17.53
财政科技支出占公共财政支出比重（%）	3.74	2.50
万名就业人员中研发人员（人年/万人）	106.02	122.78
普通高校在校学生数（万人）	3.73	4.00
万人普通高校在校学生数（人/万人）	61	60
实际使用外资额（万美元）	62272	36317
人均实际使用外资额（美元/人）	101.26	54.80
基础研究经费（亿元）	0.41	0.31
基础研究经费占研发经费比重（%）	0.40	0.26
“双一流”建设学科数（个）	0	0
国家级科技成果奖数（项当量）	0	5.00
规上工业企业研发经费支出（亿元）	93.51	107.32
规上工业企业研发经费支出与营业收入之比（%）	1.64	2.01
科创板上市企业数（家）	2	3
北交所主板上市企业数（家）	—	1
高新技术企业数（家）	900	1138

台州市（2）

指标名称	2019 年	2020 年
发明专利拥有量（件）	11555	15095
万人发明专利拥有量（件/万人）	18.79	22.78
技术输出合同成交额（亿元）	43.01	53.54
技术输出合同成交额与地区生产总值之比（%）	0.84	1.02
技术输入合同成交额（亿元）	67.05	81.61
技术输入合同成交额与地区生产总值之比（%）	1.31	1.55
国家级科技企业孵化器、大学科技园、双创示范基地数（个）	6	8
国家级科技企业孵化器、大学科技园新增在孵企业数（家）	64	60
高新技术企业营业收入与规上工业企业营业收入之比（%）	41.23	44.59
规上工业企业新产品销售收入与营业收入之比（%）	33.84	32.91
国家高新区营业收入（亿元）	0	0
国家高新区营业收入与地区生产总值之比（%）	0	0
地区生产总值（亿元）	5134.05	5263.00
人均地区生产总值（万元/人）	8.35	7.99
城乡居民人均可支配收入之比	2.00	1.94
单位地区生产总值能耗（吨标准煤/万元）	0.29	0.30
PM2.5 年平均浓度（微克/立方米）	25	25
居民人均可支配收入（万元/人）	6.04	6.26

福州市（1）

指标名称	2019 年	2020 年
全社会研发经费支出（亿元）	201.70	225.47
全社会研发经费支出与地区生产总值之比（%）	2.15	2.25
财政科技支出（亿元）	28.79	43.29
财政科技支出占公共财政支出比重（%）	3.03	4.55
万名就业人员中研发人员（人年/万人）	75.68	116.61
普通高校在校学生数（万人）	34.03	36.37
万人普通高校在校学生数（人/万人）	436	437
实际使用外资额（万美元）	94116	101007
人均实际使用外资额（美元/人）	120.66	121.40
基础研究经费（亿元）	18.56	8.75
基础研究经费占研发经费比重（%）	9.20	3.88
“双一流”建设学科数（个）	1	1
国家级科技成果奖数（项当量）	21.81	7.20
规上工业企业研发经费支出（亿元）	126.12	143.02
规上工业企业研发经费支出与营业收入之比（%）	1.26	1.29
科创板上市企业数（家）	3	3
北交所主板上市企业数（家）	—	0
高新技术企业数（家）	1407	2071

福州市（2）

指标名称	2019 年	2020 年
发明专利拥有量（件）	15224	17313
万人发明专利拥有量（件/万人）	19.52	20.81
技术输出合同成交额（亿元）	48.00	47.52
技术输出合同成交额与地区生产总值之比（%）	0.51	0.47
技术输入合同成交额（亿元）	155.33	231.21
技术输入合同成交额与地区生产总值之比（%）	1.65	2.31
国家级科技企业孵化器、大学科技园、双创示范基地数（个）	16	21
国家级科技企业孵化器、大学科技园新增在孵企业数（家）	124	110
高新技术企业营业收入与规上工业企业营业收入之比（%）	19.81	20.03
规上工业企业新产品销售收入与营业收入之比（%）	12.43	10.52
国家高新区营业收入（亿元）	1242.24	1343.04
国家高新区营业收入与地区生产总值之比（%）	13.23	13.40
地区生产总值（亿元）	9392.30	10020.02
人均地区生产总值（万元/人）	12.04	12.10
城乡居民人均可支配收入之比	2.25	2.17
单位地区生产总值能耗（吨标准煤/万元）	0.40	0.38
PM2.5 年平均浓度（微克/立方米）	24	21
居民人均可支配收入（万元/人）	4.79	4.93

厦门市（1）

指标名称	2019 年	2020 年
全社会研发经费支出（亿元）	177.66	196.84
全社会研发经费支出与地区生产总值之比（%）	2.96	3.08
财政科技支出（亿元）	38.43	41.22
财政科技支出占公共财政支出比重（%）	4.21	4.22
万名就业人员中研发人员（人年/万人）	153.53	146.46
普通高校在校学生数（万人）	15.66	16.93
万人普通高校在校学生数（人/万人）	365	327
实际使用外资额（万美元）	197995	241030
人均实际使用外资额（美元/人）	461.53	465.31
基础研究经费（亿元）	18.69	9.74
基础研究经费占研发经费比重（%）	10.52	4.95
“双一流”建设学科数（个）	5	6
国家级科技成果奖数（项当量）	31.23	15.00
规上工业企业研发经费支出（亿元）	119.68	127.57
规上工业企业研发经费支出与营业收入之比（%）	1.79	2.07
科创板上市企业数（家）	3	3
北交所主板上市企业数（家）	—	0
高新技术企业数（家）	1911	2255

厦门市（2）

指标名称	2019 年	2020 年
发明专利拥有量（件）	13646	16351
万人发明专利拥有量（件/万人）	31.81	31.57
技术输出合同成交额（亿元）	88.72	108.77
技术输出合同成交额与地区生产总值之比（%）	1.48	1.70
技术输入合同成交额（亿元）	99.33	60.79
技术输入合同成交额与地区生产总值之比（%）	1.66	0.95
国家级科技企业孵化器、大学科技园、双创示范基地数（个）	42	55
国家级科技企业孵化器、大学科技园新增在孵企业数（家）	245	307
高新技术企业营业收入与规上工业企业营业收入之比（%）	36.24	41.59
规上工业企业新产品销售收入与营业收入之比（%）	30.18	34.42
国家高新区营业收入（亿元）	3600.80	3710.20
国家高新区营业收入与地区生产总值之比（%）	60.06	58.12
地区生产总值（亿元）	5995.04	6384.02
人均地区生产总值（万元/人）	13.97	12.40
城乡居民人均可支配收入之比	2.38	2.30
单位地区生产总值能耗（吨标准煤/万元）	0.34	0.32
PM2.5 年平均浓度（微克/立方米）	24	18
居民人均可支配收入（万元/人）	5.90	6.13

泉州市（1）

指标名称	2019 年	2020 年
全社会研发经费支出（亿元）	120.98	142.08
全社会研发经费支出与地区生产总值之比（%）	1.22	1.40
财政科技支出（亿元）	15.74	17.95
财政科技支出占公共财政支出比重（%）	2.39	2.51
万名就业人员中研发人员（人年/万人）	43.17	65.16
普通高校在校学生数（万人）	15.44	17.45
万人普通高校在校学生数（人/万人）	177	198
实际使用外资额（万美元）	63966	66339
人均实际使用外资额（美元/人）	73.19	75.47
基础研究经费（亿元）	0.43	0.78
基础研究经费占研发经费比重（%）	0.36	0.55
“双一流”建设学科数（个）	0	0
国家级科技成果奖数（项当量）	0	3.13
规上工业企业研发经费支出（亿元）	111.61	132.67
规上工业企业研发经费支出与营业收入之比（%）	0.64	0.82
科创板上市企业数（家）	0	0
北交所主板上市企业数（家）	—	0
高新技术企业数（家）	681	1030

泉州市（2）

指标名称	2019 年	2020 年
发明专利拥有量（件）	8240	9143
万人发明专利拥有量（件/万人）	9.43	10.40
技术输出合同成交额（亿元）	1.24	3.76
技术输出合同成交额与地区生产总值之比（%）	0.01	0.04
技术输入合同成交额（亿元）	26.37	42.78
技术输入合同成交额与地区生产总值之比（%）	0.27	0.42
国家级科技企业孵化器、大学科技园、双创示范基地数（个）	11	15
国家级科技企业孵化器、大学科技园新增在孵企业数（家）	29	0
高新技术企业营业收入与规上工业企业营业收入之比（%）	4.86	5.69
规上工业企业新产品销售收入与营业收入之比（%）	6.73	7.57
国家高新区营业收入（亿元）	776.62	843.84
国家高新区营业收入与地区生产总值之比（%）	7.81	8.31
地区生产总值（亿元）	9946.66	10158.66
人均地区生产总值（万元/人）	11.38	11.58
城乡居民人均可支配收入之比	2.24	2.17
单位地区生产总值能耗（吨标准煤/万元）	0.43	0.44
PM2.5 年平均浓度（微克/立方米）	24	19
居民人均可支配收入（万元/人）	4.96	5.10

龙岩市（1）

指标名称	2019 年	2020 年
全社会研发经费支出（亿元）	51.20	60.47
全社会研发经费支出与地区生产总值之比（%）	1.91	2.11
财政科技支出（亿元）	13.39	8.82
财政科技支出占公共财政支出比重（%）	4.15	2.65
万名就业人员中研发人员（人年/万人）	41.48	68.04
普通高校在校学生数（万人）	2.16	2.51
万人普通高校在校学生数（人/万人）	82	92
实际使用外资额（万美元）	4781	3886
人均实际使用外资额（美元/人）	18.10	14.23
基础研究经费（亿元）	0.11	0.23
基础研究经费占研发经费比重（%）	0.22	0.37
“双一流”建设学科数（个）	0	0
国家级科技成果奖数（项当量）	2.06	0
规上工业企业研发经费支出（亿元）	49.57	57.86
规上工业企业研发经费支出与营业收入之比（%）	1.64	1.83
科创板上市企业数（家）	2	2
北交所主板上市企业数（家）	—	0
高新技术企业数（家）	188	252

龙岩市（2）

指标名称	2019 年	2020 年
发明专利拥有量（件）	1244	1409
万人发明专利拥有量（件/万人）	4.71	5.16
技术输出合同成交额（亿元）	0.31	0.74
技术输出合同成交额与地区生产总值之比（%）	0.01	0.03
技术输入合同成交额（亿元）	3.21	15.28
技术输入合同成交额与地区生产总值之比（%）	0.12	0.53
国家级科技企业孵化器、大学科技园、双创示范基地数（个）	1	1
国家级科技企业孵化器、大学科技园新增在孵企业数（家）	13	5
高新技术企业营业收入与规上工业企业营业收入之比（%）	13.90	16.95
规上工业企业新产品销售收入与营业收入之比（%）	9.61	10.25
国家高新区营业收入（亿元）	333.26	527.81
国家高新区营业收入与地区生产总值之比（%）	12.44	18.38
地区生产总值（亿元）	2678.96	2870.90
人均地区生产总值（万元/人）	10.14	10.55
城乡居民人均可支配收入之比	2.06	1.99
单位地区生产总值能耗（吨标准煤/万元）	0.50	0.48
PM2.5 年平均浓度（微克/立方米）	22	18
居民人均可支配收入（万元/人）	3.88	4.02

济南市（1）

指标名称	2019 年	2020 年
全社会研发经费支出（亿元）	225.53	265.46
全社会研发经费支出与地区生产总值之比（%）	2.39	2.62
财政科技支出（亿元）	43.18	39.65
财政科技支出占公共财政支出比重（%）	3.61	3.08
万名就业人员中研发人员（人年/万人）	98.01	114.48
普通高校在校学生数（万人）	54.11	68.79
万人普通高校在校学生数（人/万人）	607	744
实际使用外资额（万美元）	224249	192456
人均实际使用外资额（美元/人）	251.72	208.25
基础研究经费（亿元）	15.26	18.45
基础研究经费占研发经费比重（%）	6.76	6.95
“双一流”建设学科数（个）	2	4
国家级科技成果奖数（项当量）	39.92	62.40
规上工业企业研发经费支出（亿元）	129.91	151.47
规上工业企业研发经费支出与营业收入之比（%）	1.99	2.00
科创板上市企业数（家）	5	6
北交所主板上市企业数（家）	—	1
高新技术企业数（家）	2212	3005

济南市（2）

指标名称	2019 年	2020 年
发明专利拥有量（件）	25438	29427
万人发明专利拥有量（件/万人）	28.55	31.84
技术输出合同成交额（亿元）	282.62	336.94
技术输出合同成交额与地区生产总值之比（%）	2.99	3.32
技术输入合同成交额（亿元）	321.85	524.50
技术输入合同成交额与地区生产总值之比（%）	3.41	5.17
国家级科技企业孵化器、大学科技园、双创示范基地数（个）	48	53
国家级科技企业孵化器、大学科技园新增在孵企业数（家）	285	277
高新技术企业营业收入与规上工业企业营业收入之比（%）	87.16	81.89
规上工业企业新产品销售收入与营业收入之比（%）	31.91	34.76
国家高新区营业收入（亿元）	5735.61	6949.92
国家高新区营业收入与地区生产总值之比（%）	60.74	68.53
地区生产总值（亿元）	9443.37	10140.91
人均地区生产总值（万元/人）	10.60	11.02
城乡居民人均可支配收入之比	2.67	2.61
单位地区生产总值能耗（吨标准煤/万元）	0.42	0.37
PM2.5 年平均浓度（微克/立方米）	55	50
居民人均可支配收入（万元/人）	5.19	5.33

青岛市（1）

指标名称	2019 年	2020 年
全社会研发经费支出（亿元）	294.62	300.88
全社会研发经费支出与地区生产总值之比（%）	2.51	2.43
财政科技支出（亿元）	66.84	46.85
财政科技支出占公共财政支出比重（%）	4.24	2.96
万名就业人员中研发人员（人年/万人）	102.42	117.94
普通高校在校学生数（万人）	41.58	43.07
万人普通高校在校学生数（人/万人）	438	426
实际使用外资额（万美元）	584193	585297
人均实际使用外资额（美元/人）	614.95	579.18
基础研究经费（亿元）	15.72	18.33
基础研究经费占研发经费比重（%）	5.34	6.09
“双一流”建设学科数（个）	4	4
国家级科技成果奖数（项当量）	75.47	50.05
规上工业企业研发经费支出（亿元）	202.35	198.77
规上工业企业研发经费支出与营业收入之比（%）	2.19	2.02
科创板上市企业数（家）	4	6
北交所主板上市企业数（家）	—	3
高新技术企业数（家）	3805	4380

青岛市（2）

指标名称	2019 年	2020 年
发明专利拥有量（件）	31932	38690
万人发明专利拥有量（件/万人）	33.61	38.29
技术输出合同成交额（亿元）	153.11	270.82
技术输出合同成交额与地区生产总值之比（%）	1.30	2.18
技术输入合同成交额（亿元）	199.67	325.39
技术输入合同成交额与地区生产总值之比（%）	1.70	2.62
国家级科技企业孵化器、大学科技园、双创示范基地数（个）	101	108
国家级科技企业孵化器、大学科技园新增在孵企业数（家）	332	316
高新技术企业营业收入与规上工业企业营业收入之比（%）	58.93	62.55
规上工业企业新产品销售收入与营业收入之比（%）	23.14	27.58
国家高新区营业收入（亿元）	3597.77	4252.92
国家高新区营业收入与地区生产总值之比（%）	30.64	34.30
地区生产总值（亿元）	11741.31	12400.56
人均地区生产总值（万元/人）	12.36	12.38
城乡居民人均可支配收入之比	2.41	2.36
单位地区生产总值能耗（吨标准煤/万元）	0.45	0.45
PM2.5 年平均浓度（微克/立方米）	37	31
居民人均可支配收入（万元/人）	5.45	5.59

淄博市（1）

指标名称	2019 年	2020 年
全社会研发经费支出（亿元）	105.94	102.64
全社会研发经费支出与地区生产总值之比（%）	2.91	2.79
财政科技支出（亿元）	15.41	10.52
财政科技支出占公共财政支出比重（%）	3.08	2.01
万名就业人员中研发人员（人年/万人）	81.34	98.26
普通高校在校学生数（万人）	11.53	12.27
万人普通高校在校学生数（人/万人）	245	261
实际使用外资额（万美元）	31577	37812
人均实际使用外资额（美元/人）	67.23	80.36
基础研究经费（亿元）	1.69	1.61
基础研究经费占研发经费比重（%）	1.60	1.56
“双一流”建设学科数（个）	0	0
国家级科技成果奖数（项当量）	18.12	0
规上工业企业研发经费支出（亿元）	87.53	86.59
规上工业企业研发经费支出与营业收入之比（%）	1.68	1.88
科创板上市企业数（家）	3	3
北交所主板上市企业数（家）	—	1
高新技术企业数（家）	509	703

淄博市（2）

指标名称	2019 年	2020 年
发明专利拥有量（件）	6273	6931
万人发明专利拥有量（件/万人）	13.36	14.73
技术输出合同成交额（亿元）	106.15	159.38
技术输出合同成交额与地区生产总值之比（%）	2.91	4.34
技术输入合同成交额（亿元）	64.99	111.97
技术输入合同成交额与地区生产总值之比（%）	1.78	3.05
国家级科技企业孵化器、大学科技园、双创示范基地数（个）	10	13
国家级科技企业孵化器、大学科技园新增在孵企业数（家）	72	75
高新技术企业营业收入与规上工业企业营业收入之比（%）	27.00	37.01
规上工业企业新产品销售收入与营业收入之比（%）	16.12	23.14
国家高新区营业收入（亿元）	2287.21	2494.62
国家高新区营业收入与地区生产总值之比（%）	62.79	67.91
地区生产总值（亿元）	3642.42	3673.54
人均地区生产总值（万元/人）	7.76	7.81
城乡居民人均可支配收入之比	2.27	2.22
单位地区生产总值能耗（吨标准煤/万元）	0.95	1.02
PM2.5 年平均浓度（微克/立方米）	56	52
居民人均可支配收入（万元/人）	4.52	4.64

东营市（1）

指标名称	2019 年	2020 年
全社会研发经费支出（亿元）	68.38	75.76
全社会研发经费支出与地区生产总值之比（%）	2.34	2.54
财政科技支出（亿元）	5.75	5.83
财政科技支出占公共财政支出比重（%）	1.88	1.87
万名就业人员中研发人员（人年/万人）	62.66	86.77
普通高校在校学生数（万人）	3.36	3.66
万人普通高校在校学生数（人/万人）	154	167
实际使用外资额（万美元）	24385	44493
人均实际使用外资额（美元/人）	111.87	202.84
基础研究经费（亿元）	10.03	1.09
基础研究经费占研发经费比重（%）	14.67	1.44
“双一流”建设学科数（个）	0	0
国家级科技成果奖数（项当量）	24.40	19.58
规上工业企业研发经费支出（亿元）	60.47	67.10
规上工业企业研发经费支出与营业收入之比（%）	0.77	0.92
科创板上市企业数（家）	0	0
北交所主板上市企业数（家）	—	0
高新技术企业数（家）	261	332

东营市（2）

指标名称	2019 年	2020 年
发明专利拥有量（件）	2140	3024
万人发明专利拥有量（件/万人）	9.82	13.79
技术输出合同成交额（亿元）	56.44	82.27
技术输出合同成交额与地区生产总值之比（%）	1.94	2.76
技术输入合同成交额（亿元）	54.37	68.83
技术输入合同成交额与地区生产总值之比（%）	1.86	2.31
国家级科技企业孵化器、大学科技园、双创示范基地数（个）	8	9
国家级科技企业孵化器、大学科技园新增在孵企业数（家）	172	148
高新技术企业营业收入与规上工业企业营业收入之比（%）	13.76	17.19
规上工业企业新产品销售收入与营业收入之比（%）	6.88	9.39
国家高新区营业收入（亿元）	465.83	336.16
国家高新区营业收入与地区生产总值之比（%）	15.97	11.28
地区生产总值（亿元）	2916.19	2981.19
人均地区生产总值（万元/人）	13.38	13.59
城乡居民人均可支配收入之比	2.69	2.63
单位地区生产总值能耗（吨标准煤/万元）	0.56	0.57
PM2.5 年平均浓度（微克/立方米）	48	46
居民人均可支配收入（万元/人）	5.11	5.27

烟台市（1）

指标名称	2019 年	2020 年
全社会研发经费支出（亿元）	126.62	143.53
全社会研发经费支出与地区生产总值之比（%）	1.65	1.84
财政科技支出（亿元）	29.86	29.89
财政科技支出占公共财政支出比重（%）	3.85	3.54
万名就业人员中研发人员（人年/万人）	47.62	76.58
普通高校在校学生数（万人）	23.12	24.29
万人普通高校在校学生数（人/万人）	324	342
实际使用外资额（万美元）	194054	228263
人均实际使用外资额（美元/人）	271.86	321.33
基础研究经费（亿元）	2.37	2.73
基础研究经费占研发经费比重（%）	1.87	1.90
“双一流”建设学科数（个）	0	0
国家级科技成果奖数（项当量）	8.17	11.40
规上工业企业研发经费支出（亿元）	109.24	119.55
规上工业企业研发经费支出与营业收入之比（%）	1.40	1.42
科创板上市企业数（家）	1	3
北交所主板上市企业数（家）	—	1
高新技术企业数（家）	818	1119

烟台市（2）

指标名称	2019 年	2020 年
发明专利拥有量（件）	7164	8611
万人发明专利拥有量（件/万人）	10.04	12.12
技术输出合同成交额（亿元）	108.27	155.13
技术输出合同成交额与地区生产总值之比（%）	1.41	1.98
技术输入合同成交额（亿元）	69.79	145.74
技术输入合同成交额与地区生产总值之比（%）	0.91	1.86
国家级科技企业孵化器、大学科技园、双创示范基地数（个）	20	19
国家级科技企业孵化器、大学科技园新增在孵企业数（家）	252	227
高新技术企业营业收入与规上工业企业营业收入之比（%）	28.44	29.82
规上工业企业新产品销售收入与营业收入之比（%）	17.79	20.78
国家高新区营业收入（亿元）	789.45	735.53
国家高新区营业收入与地区生产总值之比（%）	10.31	9.41
地区生产总值（亿元）	7653.45	7816.42
人均地区生产总值（万元/人）	10.72	11.01
城乡居民人均可支配收入之比	2.26	2.22
单位地区生产总值能耗（吨标准煤/万元）	0.47	0.45
PM2.5 年平均浓度（微克/立方米）	35	32
居民人均可支配收入（万元/人）	4.80	4.94

潍坊市（1）

指标名称	2019 年	2020 年
全社会研发经费支出（亿元）	119.22	127.64
全社会研发经费支出与地区生产总值之比（%）	2.10	2.17
财政科技支出（亿元）	21.67	22.51
财政科技支出占公共财政支出比重（%）	2.79	2.83
万名就业人员中研发人员（人年/万人）	35.28	58.39
普通高校在校学生数（万人）	20.51	21.90
万人普通高校在校学生数（人/万人）	219	233
实际使用外资额（万美元）	69940	108326
人均实际使用外资额（美元/人）	74.79	115.32
基础研究经费（亿元）	0.63	1.14
基础研究经费占研发经费比重（%）	0.53	0.89
“双一流”建设学科数（个）	0	0
国家级科技成果奖数（项当量）	7.51	7.24
规上工业企业研发经费支出（亿元）	113.53	121.82
规上工业企业研发经费支出与营业收入之比（%）	1.34	1.36
科创板上市企业数（家）	0	0
北交所主板上市企业数（家）	—	2
高新技术企业数（家）	796	995

潍坊市（2）

指标名称	2019 年	2020 年
发明专利拥有量（件）	7555	9813
万人发明专利拥有量（件/万人）	8.08	10.45
技术输出合同成交额（亿元）	72.98	134.51
技术输出合同成交额与地区生产总值之比（%）	1.28	2.29
技术输入合同成交额（亿元）	90.60	149.84
技术输入合同成交额与地区生产总值之比（%）	1.59	2.55
国家级科技企业孵化器、大学科技园、双创示范基地数（个）	16	19
国家级科技企业孵化器、大学科技园新增在孵企业数（家）	140	198
高新技术企业营业收入与规上工业企业营业收入之比（%）	35.58	42.86
规上工业企业新产品销售收入与营业收入之比（%）	17.89	21.43
国家高新区营业收入（亿元）	4179.85	4795.02
国家高新区营业收入与地区生产总值之比（%）	73.48	81.66
地区生产总值（亿元）	5688.50	5872.17
人均地区生产总值（万元/人）	6.08	6.25
城乡居民人均可支配收入之比	2.05	1.99
单位地区生产总值能耗（吨标准煤/万元）	0.75	0.78
PM2.5 年平均浓度（微克/立方米）	54	47
居民人均可支配收入（万元/人）	4.17	4.31

济宁市（1）

指标名称	2019 年	2020 年
全社会研发经费支出（亿元）	54.26	66.69
全社会研发经费支出与地区生产总值之比（%）	1.24	1.48
财政科技支出（亿元）	8.69	7.83
财政科技支出占公共财政支出比重（%）	1.30	1.13
万名就业人员中研发人员（人年/万人）	25.67	47.40
普通高校在校学生数（万人）	11.67	13.54
万人普通高校在校学生数（人/万人）	140	162
实际使用外资额（万美元）	45156	81239
人均实际使用外资额（美元/人）	54.04	97.17
基础研究经费（亿元）	1.66	1.28
基础研究经费占研发经费比重（%）	3.05	1.92
“双一流”建设学科数（个）	0	0
国家级科技成果奖数（项当量）	9.11	6.41
规上工业企业研发经费支出（亿元）	46.84	59.85
规上工业企业研发经费支出与营业收入之比（%）	1.25	1.62
科创板上市企业数（家）	1	1
北交所主板上市企业数（家）	—	0
高新技术企业数（家）	499	611

济宁市（2）

指标名称	2019 年	2020 年
发明专利拥有量（件）	2715	3479
万人发明专利拥有量（件/万人）	3.25	4.16
技术输出合同成交额（亿元）	51.33	106.88
技术输出合同成交额与地区生产总值之比（%）	1.17	2.38
技术输入合同成交额（亿元）	70.86	126.26
技术输入合同成交额与地区生产总值之比（%）	1.62	2.81
国家级科技企业孵化器、大学科技园、双创示范基地数（个）	21	28
国家级科技企业孵化器、大学科技园新增在孵企业数（家）	132	130
高新技术企业营业收入与规上工业企业营业收入之比（%）	22.14	25.61
规上工业企业新产品销售收入与营业收入之比（%）	18.23	23.30
国家高新区营业收入（亿元）	2793.11	2859.13
国家高新区营业收入与地区生产总值之比（%）	63.91	63.62
地区生产总值（亿元）	4370.17	4494.31
人均地区生产总值（万元/人）	5.23	5.38
城乡居民人均可支配收入之比	2.10	2.06
单位地区生产总值能耗（吨标准煤/万元）	0.63	0.52
PM2.5 年平均浓度（微克/立方米）	54	51
居民人均可支配收入（万元/人）	3.71	3.84

威海市（1）

指标名称	2019 年	2020 年
全社会研发经费支出（亿元）	66.94	71.31
全社会研发经费支出与地区生产总值之比（%）	2.26	2.36
财政科技支出（亿元）	12.73	7.25
财政科技支出占公共财政支出比重（%）	3.71	2.07
万名就业人员中研发人员（人年/万人）	81.54	83.79
普通高校在校学生数（万人）	9.90	10.93
万人普通高校在校学生数（人/万人）	349	375
实际使用外资额（万美元）	122247	135822
人均实际使用外资额（美元/人）	431.05	466.61
基础研究经费（亿元）	0	0.20
基础研究经费占研发经费比重（%）	0.01	0.27
“双一流”建设学科数（个）	0	0
国家级科技成果奖数（项当量）	0	9.93
规上工业企业研发经费支出（亿元）	65.31	69.56
规上工业企业研发经费支出与营业收入之比（%）	2.31	2.68
科创板上市企业数（家）	1	1
北交所主板上市企业数（家）	—	2
高新技术企业数（家）	497	738

威海市（2）

指标名称	2019 年	2020 年
发明专利拥有量（件）	3235	3797
万人发明专利拥有量（件/万人）	11.41	13.04
技术输出合同成交额（亿元）	53.83	103.96
技术输出合同成交额与地区生产总值之比（%）	1.82	3.45
技术输入合同成交额（亿元）	41.26	70.58
技术输入合同成交额与地区生产总值之比（%）	1.39	2.34
国家级科技企业孵化器、大学科技园、双创示范基地数（个）	21	23
国家级科技企业孵化器、大学科技园新增在孵企业数（家）	195	156
高新技术企业营业收入与规上工业企业营业收入之比（%）	29.52	36.93
规上工业企业新产品销售收入与营业收入之比（%）	21.78	30.05
国家高新区营业收入（亿元）	1705.16	1734.01
国家高新区营业收入与地区生产总值之比（%）	57.53	57.46
地区生产总值（亿元）	2963.73	3017.79
人均地区生产总值（万元/人）	10.45	10.38
城乡居民人均可支配收入之比	2.21	2.16
单位地区生产总值能耗（吨标准煤/万元）	0.52	0.43
PM2.5 年平均浓度（微克/立方米）	29	24
居民人均可支配收入（万元/人）	4.90	5.04

日照市（1）

指标名称	2019 年	2020 年
全社会研发经费支出（亿元）	55.15	62.01
全社会研发经费支出与地区生产总值之比（%）	2.83	3.09
财政科技支出（亿元）	9.14	8.99
财政科技支出占公共财政支出比重（%）	3.42	3.14
万名就业人员中研发人员（人年/万人）	36.30	48.30
普通高校在校学生数（万人）	2.96	3.66
万人普通高校在校学生数（人/万人）	100	123
实际使用外资额（万美元）	18692	46664
人均实际使用外资额（美元/人）	63.38	157.03
基础研究经费（亿元）	0.19	0.18
基础研究经费占研发经费比重（%）	0.34	0.29
“双一流”建设学科数（个）	0	0
国家级科技成果奖数（项当量）	0	0
规上工业企业研发经费支出（亿元）	49.16	55.00
规上工业企业研发经费支出与营业收入之比（%）	1.52	1.29
科创板上市企业数（家）	0	0
北交所主板上市企业数（家）	—	1
高新技术企业数（家）	213	294

日照市（2）

指标名称	2019 年	2020 年
发明专利拥有量（件）	1029	2097
万人发明专利拥有量（件/万人）	3.49	7.06
技术输出合同成交额（亿元）	37.10	77.23
技术输出合同成交额与地区生产总值之比（%）	1.90	3.85
技术输入合同成交额（亿元）	16.82	35.90
技术输入合同成交额与地区生产总值之比（%）	0.86	1.79
国家级科技企业孵化器、大学科技园、双创示范基地数（个）	6	8
国家级科技企业孵化器、大学科技园新增在孵企业数（家）	20	41
高新技术企业营业收入与规上工业企业营业收入之比（%）	9.45	9.55
规上工业企业新产品销售收入与营业收入之比（%）	8.21	7.88
国家高新区营业收入（亿元）	0	0
国家高新区营业收入与地区生产总值之比（%）	0	0
地区生产总值（亿元）	1949.38	2006.43
人均地区生产总值（万元/人）	6.61	6.76
城乡居民人均可支配收入之比	2.06	2.01
单位地区生产总值能耗（吨标准煤/万元）	1.41	1.46
PM2.5 年平均浓度（微克/立方米）	45	35
居民人均可支配收入（万元/人）	3.57	3.68

临沂市（1）

指标名称	2019 年	2020 年
全社会研发经费支出（亿元）	78.21	96.85
全社会研发经费支出与地区生产总值之比（%）	1.70	2.02
财政科技支出（亿元）	5.86	8.55
财政科技支出占公共财政支出比重（%）	0.82	1.08
万名就业人员中研发人员（人年/万人）	18.73	24.86
普通高校在校学生数（万人）	10.07	11.14
万人普通高校在校学生数（人/万人）	94	101
实际使用外资额（万美元）	38730	93156
人均实际使用外资额（美元/人）	36.31	84.49
基础研究经费（亿元）	0.48	1.22
基础研究经费占研发经费比重（%）	0.61	1.26
“双一流”建设学科数（个）	0	0
国家级科技成果奖数（项当量）	15.43	0
规上工业企业研发经费支出（亿元）	68.88	91.96
规上工业企业研发经费支出与营业收入之比（%）	1.46	1.76
科创板上市企业数（家）	0	0
北交所主板上市企业数（家）	—	0
高新技术企业数（家）	533	718

临沂市（2）

指标名称	2019 年	2020 年
发明专利拥有量（件）	3175	4162
万人发明专利拥有量（件/万人）	2.98	3.77
技术输出合同成交额（亿元）	19.68	51.10
技术输出合同成交额与地区生产总值之比（%）	0.43	1.06
技术输入合同成交额（亿元）	18.35	97.23
技术输入合同成交额与地区生产总值之比（%）	0.40	2.02
国家级科技企业孵化器、大学科技园、双创示范基地数（个）	10	10
国家级科技企业孵化器、大学科技园新增在孵企业数（家）	74	70
高新技术企业营业收入与规上工业企业营业收入之比（%）	38.39	40.61
规上工业企业新产品销售收入与营业收入之比（%）	16.81	19.16
国家高新区营业收入（亿元）	767.41	863.53
国家高新区营业收入与地区生产总值之比（%）	16.68	17.97
地区生产总值（亿元）	4600.25	4805.25
人均地区生产总值（万元/人）	4.31	4.36
城乡居民人均可支配收入之比	2.53	2.48
单位地区生产总值能耗（吨标准煤/万元）	0.67	0.70
PM2.5 年平均浓度（微克/立方米）	57	48
居民人均可支配收入（万元/人）	3.79	3.95

德州市（1）

指标名称	2019 年	2020 年
全社会研发经费支出（亿元）	75.19	98.91
全社会研发经费支出与地区生产总值之比（%）	2.49	3.21
财政科技支出（亿元）	11.49	9.37
财政科技支出占公共财政支出比重（%）	2.63	1.95
万名就业人员中研发人员（人年/万人）	34.99	46.13
普通高校在校学生数（万人）	7.03	7.25
万人普通高校在校学生数（人/万人）	122	129
实际使用外资额（万美元）	16001	26584
人均实际使用外资额（美元/人）	27.84	47.36
基础研究经费（亿元）	0.22	0.53
基础研究经费占研发经费比重（%）	0.30	0.54
“双一流”建设学科数（个）	0	0
国家级科技成果奖数（项当量）	2.84	0.69
规上工业企业研发经费支出（亿元）	70.92	93.09
规上工业企业研发经费支出与营业收入之比（%）	2.61	3.20
科创板上市企业数（家）	1	1
北交所主板上市企业数（家）	—	0
高新技术企业数（家）	245	349

德州市（2）

指标名称	2019年	2020年
发明专利拥有量（件）	1770	2065
万人发明专利拥有量（件/万人）	3.08	3.68
技术输出合同成交额（亿元）	27.28	57.13
技术输出合同成交额与地区生产总值之比（%）	0.90	1.86
技术输入合同成交额（亿元）	24.65	82.26
技术输入合同成交额与地区生产总值之比（%）	0.82	2.67
国家级科技企业孵化器、大学科技园、双创示范基地数（个）	9	11
国家级科技企业孵化器、大学科技园新增在孵企业数（家）	81	49
高新技术企业营业收入与规上工业企业营业收入之比（%）	35.81	40.25
规上工业企业新产品销售收入与营业收入之比（%）	24.65	29.27
国家高新区营业收入（亿元）	200.60	247.80
国家高新区营业收入与地区生产总值之比（%）	6.64	8.05
地区生产总值（亿元）	3022.27	3078.99
人均地区生产总值（万元/人）	5.26	5.49
城乡居民人均可支配收入之比	1.78	1.74
单位地区生产总值能耗（吨标准煤/万元）	0.66	0.59
PM2.5 年平均浓度（微克/立方米）	53	52
居民人均可支配收入（万元/人）	2.85	2.96

广州市（1）

指标名称	2019 年	2020 年
全社会研发经费支出（亿元）	677.74	774.84
全社会研发经费支出与地区生产总值之比（%）	2.87	3.10
财政科技支出（亿元）	243.95	224.13
财政科技支出占公共财政支出比重（%）	8.51	7.59
万名就业人员中研发人员（人年/万人）	133.76	138.50
普通高校在校学生数（万人）	115.30	130.71
万人普通高校在校学生数（人/万人）	753	698
实际使用外资额（万美元）	714349	715782
人均实际使用外资额（美元/人）	466.71	381.95
基础研究经费（亿元）	92.69	98.95
基础研究经费占研发经费比重（%）	13.68	12.77
“双一流”建设学科数（个）	18	20
国家级科技成果奖数（项当量）	119.20	63.25
规上工业企业研发经费支出（亿元）	286.24	315.11
规上工业企业研发经费支出与营业收入之比（%）	1.41	1.51
科创板上市企业数（家）	10	15
北交所主板上市企业数（家）	—	5
高新技术企业数（家）	11897	11423

广州市（2）

指标名称	2019 年	2020 年
发明专利拥有量（件）	58496	71725
万人发明专利拥有量（件/万人）	38.22	38.27
技术输出合同成交额（亿元）	1224.80	2089.09
技术输出合同成交额与地区生产总值之比（%）	5.18	8.35
技术输入合同成交额（亿元）	895.53	1633.09
技术输入合同成交额与地区生产总值之比（%）	3.79	6.53
国家级科技企业孵化器、大学科技园、双创示范基地数（个）	84	100
国家级科技企业孵化器、大学科技园新增在孵企业数（家）	661	774
高新技术企业营业收入与规上工业企业营业收入之比（%）	76.92	82.74
规上工业企业新产品销售收入与营业收入之比（%）	27.87	24.85
国家高新区营业收入（亿元）	11724.57	12831.22
国家高新区营业收入与地区生产总值之比（%）	49.62	51.29
地区生产总值（亿元）	23628.60	25019.11
人均地区生产总值（万元/人）	15.44	13.50
城乡居民人均可支配收入之比	2.25	2.18
单位地区生产总值能耗（吨标准煤/万元）	0.37	0.36
PM2.5 年平均浓度（微克/立方米）	30	23
居民人均可支配收入（万元/人）	6.51	6.83

深圳市（1）

指标名称	2019 年	2020 年
全社会研发经费支出（亿元）	1328.28	1510.81
全社会研发经费支出与地区生产总值之比（%）	4.93	5.46
财政科技支出（亿元）	548.42	336.63
财政科技支出占公共财政支出比重（%）	12.05	8.06
万名就业人员中研发人员（人年/万人）	262.69	267.57
普通高校在校学生数（万人）	11.32	11.00
万人普通高校在校学生数（人/万人）	84	62
实际使用外资额（万美元）	780944	863225
人均实际使用外资额（美元/人）	581.11	489.53
基础研究经费（亿元）	24.13	52.70
基础研究经费占研发经费比重（%）	1.82	3.49
“双一流”建设学科数（个）	0	1
国家级科技成果奖数（项当量）	63.81	62.70
规上工业企业研发经费支出（亿元）	1049.92	1157.31
规上工业企业研发经费支出与营业收入之比（%）	2.88	3.00
科创板上市企业数（家）	27	37
北交所主板上市企业数（家）	—	5
高新技术企业数（家）	16652	18180

深圳市（2）

指标名称	2019 年	2020 年
发明专利拥有量（件）	138665	160944
万人发明专利拥有量（件/万人）	103.18	91.27
技术输出合同成交额（亿元）	724.74	1043.92
技术输出合同成交额与地区生产总值之比（%）	2.69	3.77
技术输入合同成交额（亿元）	1506.40	1631.51
技术输入合同成交额与地区生产总值之比（%）	5.59	5.90
国家级科技企业孵化器、大学科技园、双创示范基地数（个）	123	152
国家级科技企业孵化器、大学科技园新增在孵企业数（家）	619	840
高新技术企业营业收入与规上工业企业营业收入之比（%）	82.10	87.80
规上工业企业新产品销售收入与营业收入之比（%）	39.08	38.57
国家高新区营业收入（亿元）	17039.33	20683.86
国家高新区营业收入与地区生产总值之比（%）	63.28	74.75
地区生产总值（亿元）	26927.09	27670.24
人均地区生产总值（万元/人）	20.04	15.93
城乡居民人均可支配收入之比	1.00	1.00
单位地区生产总值能耗（吨标准煤/万元）	0.34	0.32
PM2.5 年平均浓度（微克/立方米）	24	19
居民人均可支配收入（万元/人）	6.25	6.49

汕头市（1）

指标名称	2019 年	2020 年
全社会研发经费支出（亿元）	28.32	28.40
全社会研发经费支出与地区生产总值之比（%）	1.05	1.04
财政科技支出（亿元）	6.38	5.49
财政科技支出占公共财政支出比重（%）	1.65	1.28
万名就业人员中研发人员（人年/万人）	40.30	44.44
普通高校在校学生数（万人）	1.36	3.04
万人普通高校在校学生数（人/万人）	24	55
实际使用外资额（万美元）	10070	3116
人均实际使用外资额（美元/人）	17.78	5.66
基础研究经费（亿元）	2.32	2.00
基础研究经费占研发经费比重（%）	8.19	7.04
“双一流”建设学科数（个）	0	0
国家级科技成果奖数（项当量）	0	0
规上工业企业研发经费支出（亿元）	23.26	18.45
规上工业企业研发经费支出与营业收入之比（%）	0.79	0.65
科创板上市企业数（家）	0	0
北交所主板上市企业数（家）	—	0
高新技术企业数（家）	708	644

汕头市（2）

指标名称	2019 年	2020 年
发明专利拥有量（件）	2747	2962
万人发明专利拥有量（件/万人）	4.85	5.38
技术输出合同成交额（亿元）	2.35	1.52
技术输出合同成交额与地区生产总值之比（%）	0.09	0.06
技术输入合同成交额（亿元）	8.90	14.02
技术输入合同成交额与地区生产总值之比（%）	0.33	0.51
国家级科技企业孵化器、大学科技园、双创示范基地数（个）	5	5
国家级科技企业孵化器、大学科技园新增在孵企业数（家）	16	19
高新技术企业营业收入与规上工业企业营业收入之比（%）	23.35	25.70
规上工业企业新产品销售收入与营业收入之比（%）	14.11	13.27
国家高新区营业收入（亿元）	250.89	257.12
国家高新区营业收入与地区生产总值之比（%）	9.31	9.42
地区生产总值（亿元）	2694.08	2730.58
人均地区生产总值（万元/人）	4.76	4.97
城乡居民人均可支配收入之比	1.77	1.74
单位地区生产总值能耗（吨标准煤/万元）	0.37	0.36
PM2.5 年平均浓度（微克/立方米）	23	19
居民人均可支配收入（万元/人）	3.14	3.29

佛山市（1）

指标名称	2019 年	2020 年
全社会研发经费支出（亿元）	287.41	288.56
全社会研发经费支出与地区生产总值之比（%）	2.67	2.67
财政科技支出（亿元）	98.16	101.56
财政科技支出占公共财政支出比重（%）	10.43	10.12
万名就业人员中研发人员（人年/万人）	131.71	135.67
普通高校在校学生数（万人）	12.87	14.63
万人普通高校在校学生数（人/万人）	158	154
实际使用外资额（万美元）	73292	66572
人均实际使用外资额（美元/人）	89.83	69.94
基础研究经费（亿元）	0.88	3.18
基础研究经费占研发经费比重（%）	0.30	1.10
“双一流”建设学科数（个）	0	0
国家级科技成果奖数（项当量）	2.35	0.69
规上工业企业研发经费支出（亿元）	259.71	238.86
规上工业企业研发经费支出与营业收入之比（%）	1.13	1.07
科创板上市企业数（家）	3	4
北交所主板上市企业数（家）	—	0
高新技术企业数（家）	4790	5638

佛山市（2）

指标名称	2019 年	2020 年
发明专利拥有量（件）	23024	27786
万人发明专利拥有量（件/万人）	28.22	29.19
技术输出合同成交额（亿元）	15.60	23.14
技术输出合同成交额与地区生产总值之比（%）	0.15	0.21
技术输入合同成交额（亿元）	59.59	78.90
技术输入合同成交额与地区生产总值之比（%）	0.55	0.73
国家级科技企业孵化器、大学科技园、双创示范基地数（个）	42	46
国家级科技企业孵化器、大学科技园新增在孵企业数（家）	364	340
高新技术企业营业收入与规上工业企业营业收入之比（%）	29.69	32.18
规上工业企业新产品销售收入与营业收入之比（%）	19.56	20.39
国家高新区营业收入（亿元）	4451.48	5215.34
国家高新区营业收入与地区生产总值之比（%）	41.41	48.22
地区生产总值（亿元）	10751.02	10816.47
人均地区生产总值（万元/人）	13.18	11.42
城乡居民人均可支配收入之比	1.75	1.72
单位地区生产总值能耗（吨标准煤/万元）	0.38	0.36
PM2.5 年平均浓度（微克/立方米）	30	22
居民人均可支配收入（万元/人）	5.52	5.74

东莞市（1）

指标名称	2019 年	2020 年
全社会研发经费支出（亿元）	289.96	342.09
全社会研发经费支出与地区生产总值之比（%）	3.06	3.54
财政科技支出（亿元）	25.36	34.19
财政科技支出占公共财政支出比重（%）	2.94	4.07
万名就业人员中研发人员（人年/万人）	139.38	151.66
普通高校在校学生数（万人）	12.44	13.45
万人普通高校在校学生数（人/万人）	147	128
实际使用外资额（万美元）	129092	115447
人均实际使用外资额（美元/人）	152.51	110.12
基础研究经费（亿元）	2.41	1.01
基础研究经费占研发经费比重（%）	0.83	0.29
“双一流”建设学科数（个）	0	0
国家级科技成果奖数（项当量）	2.28	3.73
规上工业企业研发经费支出（亿元）	260.57	308.42
规上工业企业研发经费支出与营业收入之比（%）	1.20	1.34
科创板上市企业数（家）	6	9
北交所主板上市企业数（家）	—	0
高新技术企业数（家）	6051	6242

东莞市（2）

指标名称	2019年	2020年
发明专利拥有量（件）	30227	46358
万人发明专利拥有量（件/万人）	35.71	44.22
技术输出合同成交额（亿元）	196.04	54.71
技术输出合同成交额与地区生产总值之比（%）	2.07	0.57
技术输入合同成交额（亿元）	422.68	544.67
技术输入合同成交额与地区生产总值之比（%）	4.46	5.64
国家级科技企业孵化器、大学科技园、双创示范基地数（个）	42	49
国家级科技企业孵化器、大学科技园新增在孵企业数（家）	428	457
高新技术企业营业收入与规上工业企业营业收入之比（%）	53.58	58.33
规上工业企业新产品销售收入与营业收入之比（%）	42.23	41.80
国家高新区营业收入（亿元）	5684.43	5898.31
国家高新区营业收入与地区生产总值之比（%）	59.95	61.12
地区生产总值（亿元）	9482.50	9650.19
人均地区生产总值（万元/人）	11.20	9.22
城乡居民人均可支配收入之比	1.54	1.50
单位地区生产总值能耗（吨标准煤/万元）	0.41	0.39
PM2.5年平均浓度（微克/立方米）	32	24
居民人均可支配收入（万元/人）	5.52	5.81

海口市（1）

指标名称	2019 年	2020 年
全社会研发经费支出（亿元）	14.65	15.34
全社会研发经费支出与地区生产总值之比（%）	0.88	0.86
财政科技支出（亿元）	2.37	2.54
财政科技支出占公共财政支出比重（%）	0.89	0.83
万名就业人员中研发人员（人年/万人）	35.24	47.72
普通高校在校学生数（万人）	13.89	15.65
万人普通高校在校学生数（人/万人）	597	542
实际使用外资额（万美元）	67154	172346
人均实际使用外资额（美元/人）	288.47	597.06
基础研究经费（亿元）	2.90	3.75
基础研究经费占研发经费比重（%）	19.78	24.43
“双一流”建设学科数（个）	1	1
国家级科技成果奖数（项当量）	4.95	0
规上工业企业研发经费支出（亿元）	8.88	9.60
规上工业企业研发经费支出与营业收入之比（%）	1.54	1.66
科创板上市企业数（家）	1	1
北交所主板上市企业数（家）	—	0
高新技术企业数（家）	412	676

海口市（2）

指标名称	2019 年	2020 年
发明专利拥有量（件）	2334	3080
万人发明专利拥有量（件/万人）	10.03	10.67
技术输出合同成交额（亿元）	5.59	16.25
技术输出合同成交额与地区生产总值之比（%）	0.33	0.91
技术输入合同成交额（亿元）	42.74	50.36
技术输入合同成交额与地区生产总值之比（%）	2.56	2.81
国家级科技企业孵化器、大学科技园、双创示范基地数（个）	6	8
国家级科技企业孵化器、大学科技园新增在孵企业数（家）	25	12
高新技术企业营业收入与规上工业企业营业收入之比（%）	73.61	75.63
规上工业企业新产品销售收入与营业收入之比（%）	14.43	20.76
国家高新区营业收入（亿元）	443.78	948.33
国家高新区营业收入与地区生产总值之比（%）	26.54	52.93
地区生产总值（亿元）	1671.92	1791.58
人均地区生产总值（万元/人）	7.18	6.33
城乡居民人均可支配收入之比	2.42	2.30
单位地区生产总值能耗（吨标准煤/万元）	0.33	0.29
PM2.5 年平均浓度（微克/立方米）	17	14
居民人均可支配收入（万元/人）	3.90	4.00

沈阳市（1）

指标名称	2019 年	2020 年
全社会研发经费支出（亿元）	170.69	192.93
全社会研发经费支出与地区生产总值之比（%）	2.64	2.94
财政科技支出（亿元）	19.90	22.57
财政科技支出占公共财政支出比重（%）	1.90	2.10
万名就业人员中研发人员（人年/万人）	73.29	82.45
普通高校在校学生数（万人）	42.42	44.01
万人普通高校在校学生数（人/万人）	510	485
实际使用外资额（万美元）	165054	71376
人均实际使用外资额（美元/人）	198.33	78.67
基础研究经费（亿元）	8.36	12.20
基础研究经费占研发经费比重（%）	4.90	6.32
“双一流”建设学科数（个）	2	3
国家级科技成果奖数（项当量）	60.29	83.64
规上工业企业研发经费支出（亿元）	68.87	85.43
规上工业企业研发经费支出与营业收入之比（%）	1.17	1.43
科创板上市企业数（家）	1	3
北交所主板上市企业数（家）	—	0
高新技术企业数（家）	1814	2548

沈阳市（2）

指标名称	2019 年	2020 年
发明专利拥有量（件）	17219	19870
万人发明专利拥有量（件/万人）	20.69	21.90
技术输出合同成交额（亿元）	284.91	304.05
技术输出合同成交额与地区生产总值之比（%）	4.40	4.63
技术输入合同成交额（亿元）	140.26	146.88
技术输入合同成交额与地区生产总值之比（%）	2.17	2.24
国家级科技企业孵化器、大学科技园、双创示范基地数（个）	38	41
国家级科技企业孵化器、大学科技园新增在孵企业数（家）	357	310
高新技术企业营业收入与规上工业企业营业收入之比（%）	40.62	44.38
规上工业企业新产品销售收入与营业收入之比（%）	19.06	22.50
国家高新区营业收入（亿元）	1411.65	1403.42
国家高新区营业收入与地区生产总值之比（%）	21.82	21.36
地区生产总值（亿元）	6470.26	6571.60
人均地区生产总值（万元/人）	7.77	7.56
城乡居民人均可支配收入之比	2.58	2.42
单位地区生产总值能耗（吨标准煤/万元）	0.39	0.38
PM2.5 年平均浓度（微克/立方米）	43	42
居民人均可支配收入（万元/人）	4.68	4.74

大连市（1）

指标名称	2019 年	2020 年
全社会研发经费支出（亿元）	199.73	207.15
全社会研发经费支出与地区生产总值之比（%）	2.85	2.95
财政科技支出（亿元）	27.49	23.02
财政科技支出占公共财政支出比重（%）	2.71	2.30
万名就业人员中研发人员（人年/万人）	113.02	127.63
普通高校在校学生数（万人）	29.06	32.57
万人普通高校在校学生数（人/万人）	415	437
实际使用外资额（万美元）	64617	64790
人均实际使用外资额（美元/人）	92.26	86.92
基础研究经费（亿元）	18.66	16.51
基础研究经费占研发经费比重（%）	9.34	7.97
“双一流”建设学科数（个）	3	4
国家级科技成果奖数（项当量）	45.94	77.99
规上工业企业研发经费支出（亿元）	114.66	118.70
规上工业企业研发经费支出与营业收入之比（%）	1.59	1.65
科创板上市企业数（家）	2	3
北交所主板上市企业数（家）	—	2
高新技术企业数（家）	1727	2412

大连市（2）

指标名称	2019 年	2020 年
发明专利拥有量（件）	14897	17071
万人发明专利拥有量（件/万人）	21.27	22.90
技术输出合同成交额（亿元）	197.25	249.80
技术输出合同成交额与地区生产总值之比（%）	2.82	3.55
技术输入合同成交额（亿元）	111.87	76.40
技术输入合同成交额与地区生产总值之比（%）	1.60	1.09
国家级科技企业孵化器、大学科技园、双创示范基地数（个）	42	45
国家级科技企业孵化器、大学科技园新增在孵企业数（家）	285	182
高新技术企业营业收入与规上工业企业营业收入之比（%）	36.75	37.72
规上工业企业新产品销售收入与营业收入之比（%）	16.17	15.89
国家高新区营业收入（亿元）	2581.59	2376.52
国家高新区营业收入与地区生产总值之比（%）	36.87	33.80
地区生产总值（亿元）	7001.72	7030.40
人均地区生产总值（万元/人）	10.00	9.47
城乡居民人均可支配收入之比	2.33	2.20
单位地区生产总值能耗（吨标准煤/万元）	0.38	0.57
PM2.5 年平均浓度（微克/立方米）	35	30
居民人均可支配收入（万元/人）	4.65	4.74

营口市（1）

指标名称	2019 年	2020 年
全社会研发经费支出（亿元）	21.84	24.47
全社会研发经费支出与地区生产总值之比（%）	1.64	1.85
财政科技支出（亿元）	1.09	0.77
财政科技支出占公共财政支出比重（%）	0.43	0.29
万名就业人员中研发人员（人年/万人）	20.09	28.20
普通高校在校学生数（万人）	2.38	2.96
万人普通高校在校学生数（人/万人）	98	127
实际使用外资额（万美元）	13974	3608
人均实际使用外资额（美元/人）	57.48	15.49
基础研究经费（亿元）	0.08	0.04
基础研究经费占研发经费比重（%）	0.37	0.18
“双一流”建设学科数（个）	0	0
国家级科技成果奖数（项当量）	0	0
规上工业企业研发经费支出（亿元）	21.38	22.14
规上工业企业研发经费支出与营业收入之比（%）	0.99	1.09
科创板上市企业数（家）	0	0
北交所主板上市企业数（家）	—	0
高新技术企业数（家）	197	271

营口市（2）

指标名称	2019 年	2020 年
发明专利拥有量（件）	674	756
万人发明专利拥有量（件/万人）	2.77	3.25
技术输出合同成交额（亿元）	3.95	4.46
技术输出合同成交额与地区生产总值之比（%）	0.30	0.34
技术输入合同成交额（亿元）	18.87	9.02
技术输入合同成交额与地区生产总值之比（%）	1.42	0.68
国家级科技企业孵化器、大学科技园、双创示范基地数（个）	4	4
国家级科技企业孵化器、大学科技园新增在孵企业数（家）	51	69
高新技术企业营业收入与规上工业企业营业收入之比（%）	33.16	37.76
规上工业企业新产品销售收入与营业收入之比（%）	17.52	18.34
国家高新区营业收入（亿元）	537.30	548.83
国家高新区营业收入与地区生产总值之比（%）	40.45	41.41
地区生产总值（亿元）	1328.16	1325.50
人均地区生产总值（万元/人）	5.46	5.68
城乡居民人均可支配收入之比	2.13	1.97
单位地区生产总值能耗（吨标准煤/万元）	1.24	1.25
PM2.5 年平均浓度（微克/立方米）	43	41
居民人均可支配收入（万元/人）	3.94	3.98

长春市（1）

指标名称	2019 年	2020 年
全社会研发经费支出（亿元）	120.75	135.63
全社会研发经费支出与地区生产总值之比（%）	2.05	2.04
财政科技支出（亿元）	11.29	18.55
财政科技支出占公共财政支出比重（%）	1.26	1.71
万名就业人员中研发人员（人年/万人）	69.52	103.83
普通高校在校学生数（万人）	46.89	48.30
万人普通高校在校学生数（人/万人）	622	533
实际使用外资额（万美元）	33000	38000
人均实际使用外资额（美元/人）	43.78	41.91
基础研究经费（亿元）	17.28	23.60
基础研究经费占研发经费比重（%）	14.31	17.40
“双一流”建设学科数（个）	11	12
国家级科技成果奖数（项当量）	106.25	26.77
规上工业企业研发经费支出（亿元）	48.84	62.66
规上工业企业研发经费支出与营业收入之比（%）	0.51	0.69
科创板上市企业数（家）	2	2
北交所主板上市企业数（家）	—	1
高新技术企业数（家）	1317	2011

长春市（2）

指标名称	2019 年	2020 年
发明专利拥有量（件）	11564	13890
万人发明专利拥有量（件/万人）	15.34	15.32
技术输出合同成交额（亿元）	464.54	451.61
技术输出合同成交额与地区生产总值之比（%）	7.87	6.80
技术输入合同成交额（亿元）	399.54	362.80
技术输入合同成交额与地区生产总值之比（%）	6.77	5.47
国家级科技企业孵化器、大学科技园、双创示范基地数（个）	31	38
国家级科技企业孵化器、大学科技园新增在孵企业数（家）	310	279
高新技术企业营业收入与规上工业企业营业收入之比（%）	20.59	33.39
规上工业企业新产品销售收入与营业收入之比（%）	21.87	20.44
国家高新区营业收入（亿元）	5638.90	5940.29
国家高新区营业收入与地区生产总值之比（%）	95.51	89.49
地区生产总值（亿元）	5904.14	6638.03
人均地区生产总值（万元/人）	7.83	7.76
城乡居民人均可支配收入之比	2.16	2.08
单位地区生产总值能耗（吨标准煤/万元）	0.32	0.29
PM2.5 年平均浓度（微克/立方米）	38	42
居民人均可支配收入（万元/人）	3.34	3.46

吉林市（1）

指标名称	2019 年	2020 年
全社会研发经费支出（亿元）	13.85	6.35
全社会研发经费支出与地区生产总值之比（%）	0.98	0.44
财政科技支出（亿元）	1.76	1.24
财政科技支出占公共财政支出比重（%）	0.42	0.28
万名就业人员中研发人员（人年/万人）	24.15	45.23
普通高校在校学生数（万人）	11.28	11.64
万人普通高校在校学生数（人/万人）	274	321
实际使用外资额（万美元）	3612	3877
人均实际使用外资额（美元/人）	8.78	10.70
基础研究经费（亿元）	1.12	1.10
基础研究经费占研发经费比重（%）	8.07	17.28
“双一流”建设学科数（个）	0	0
国家级科技成果奖数（项当量）	1.58	0
规上工业企业研发经费支出（亿元）	8.97	8.79
规上工业企业研发经费支出与营业收入之比（%）	0.57	0.59
科创板上市企业数（家）	0	0
北交所主板上市企业数（家）	—	1
高新技术企业数（家）	146	215

吉林市（2）

指标名称	2019 年	2020 年
发明专利拥有量（件）	1291	1492
万人发明专利拥有量（件/万人）	3.14	4.12
技术输出合同成交额（亿元）	4.70	5.90
技术输出合同成交额与地区生产总值之比（%）	0.33	0.41
技术输入合同成交额（亿元）	12.03	66.83
技术输入合同成交额与地区生产总值之比（%）	0.85	4.60
国家级科技企业孵化器、大学科技园、双创示范基地数（个）	6	8
国家级科技企业孵化器、大学科技园新增在孵企业数（家）	73	50
高新技术企业营业收入与规上工业企业营业收入之比（%）	25.92	32.63
规上工业企业新产品销售收入与营业收入之比（%）	10.51	12.83
国家高新区营业收入（亿元）	803.24	749.99
国家高新区营业收入与地区生产总值之比（%）	56.70	51.63
地区生产总值（亿元）	1416.56	1452.55
人均地区生产总值（万元/人）	3.44	3.56
城乡居民人均可支配收入之比	2.03	1.93
单位地区生产总值能耗（吨标准煤/万元）	0.71	1.39
PM2.5 年平均浓度（微克/立方米）	38	35
居民人均可支配收入（万元/人）	3.01	3.10

哈尔滨市（1）

指标名称	2019 年	2020 年
全社会研发经费支出（亿元）	92.94	118.71
全社会研发经费支出与地区生产总值之比（%）	1.77	2.29
财政科技支出（亿元）	15.63	12.69
财政科技支出占公共财政支出比重（%）	1.42	1.09
万名就业人员中研发人员（人年/万人）	63.78	94.10
普通高校在校学生数（万人）	58.19	59.19
万人普通高校在校学生数（人/万人）	541	591
实际使用外资额（万美元）	33953	34149
人均实际使用外资额（美元/人）	31.55	34.11
基础研究经费（亿元）	24.40	21.21
基础研究经费占研发经费比重（%）	26.25	17.87
“双一流”建设学科数（个）	11	12
国家级科技成果奖数（项当量）	69.04	48.47
规上工业企业研发经费支出（亿元）	27.51	31.34
规上工业企业研发经费支出与营业收入之比（%）	1.14	1.31
科创板上市企业数（家）	1	1
北交所主板上市企业数（家）	—	0
高新技术企业数（家）	793	1154

哈尔滨市（2）

指标名称	2019 年	2020 年
发明专利拥有量（件）	20373	22811
万人发明专利拥有量（件/万人）	18.93	22.79
技术输出合同成交额（亿元）	203.55	212.99
技术输出合同成交额与地区生产总值之比（%）	3.88	4.11
技术输入合同成交额（亿元）	76.06	114.53
技术输入合同成交额与地区生产总值之比（%）	1.45	2.21
国家级科技企业孵化器、大学科技园、双创示范基地数（个）	37	39
国家级科技企业孵化器、大学科技园新增在孵企业数（家）	347	307
高新技术企业营业收入与规上工业企业营业收入之比（%）	61.06	71.60
规上工业企业新产品销售收入与营业收入之比（%）	13.79	15.51
国家高新区营业收入（亿元）	1751.60	1921.04
国家高新区营业收入与地区生产总值之比（%）	33.37	37.06
地区生产总值（亿元）	5249.40	5183.83
人均地区生产总值（万元/人）	4.88	5.46
城乡居民人均可支配收入之比	2.19	2.03
单位地区生产总值能耗（吨标准煤/万元）	0.56	0.54
PM2.5 年平均浓度（微克/立方米）	42	47
居民人均可支配收入（万元/人）	4.00	3.98

太原市（1）

指标名称	2019 年	2020 年
全社会研发经费支出（亿元）	84.20	91.10
全社会研发经费支出与地区生产总值之比（%）	2.10	2.19
财政科技支出（亿元）	23.20	34.83
财政科技支出占公共财政支出比重（%）	3.80	5.38
万名就业人员中研发人员（人年/万人）	102.51	111.62
普通高校在校学生数（万人）	50.33	48.22
万人普通高校在校学生数（人/万人）	1128	907
实际使用外资额（万美元）	9717	10199
人均实际使用外资额（美元/人）	21.78	19.18
基础研究经费（亿元）	7.79	7.74
基础研究经费占研发经费比重（%）	9.26	8.50
“双一流”建设学科数（个）	1	3
国家级科技成果奖数（项当量）	2.43	39.76
规上工业企业研发经费支出（亿元）	62.47	45.60
规上工业企业研发经费支出与营业收入之比（%）	1.67	1.20
科创板上市企业数（家）	0	0
北交所主板上市企业数（家）	—	1
高新技术企业数（家）	1607	2024

太原市（2）

指标名称	2019 年	2020 年
发明专利拥有量（件）	9438	11238
万人发明专利拥有量（件/万人）	21.15	21.13
技术输出合同成交额（亿元）	80.50	10.21
技术输出合同成交额与地区生产总值之比（%）	2.00	0.25
技术输入合同成交额（亿元）	237.60	148.71
技术输入合同成交额与地区生产总值之比（%）	5.92	3.58
国家级科技企业孵化器、大学科技园、双创示范基地数（个）	27	40
国家级科技企业孵化器、大学科技园新增在孵企业数（家）	160	203
高新技术企业营业收入与规上工业企业营业收入之比（%）	78.89	86.93
规上工业企业新产品销售收入与营业收入之比（%）	21.44	24.52
国家高新区营业收入（亿元）	3009.05	3384.85
国家高新区营业收入与地区生产总值之比（%）	74.92	81.50
地区生产总值（亿元）	4016.19	4153.25
人均地区生产总值（万元/人）	9.00	7.87
城乡居民人均可支配收入之比	1.98	1.95
单位地区生产总值能耗（吨标准煤/万元）	0.75	0.78
PM2.5 年平均浓度（微克/立方米）	56	54
居民人均可支配收入（万元/人）	3.64	3.83

长治市（1）

指标名称	2019 年	2020 年
全社会研发经费支出（亿元）	13.70	16.50
全社会研发经费支出与地区生产总值之比（%）	0.84	0.96
财政科技支出（亿元）	1.68	2.36
财政科技支出占公共财政支出比重（%）	0.48	0.59
万名就业人员中研发人员（人年/万人）	18.27	25.30
普通高校在校学生数（万人）	3.71	4.33
万人普通高校在校学生数（人/万人）	107	136
实际使用外资额（万美元）	40790	41262
人均实际使用外资额（美元/人）	117.28	129.76
基础研究经费（亿元）	0.09	0.06
基础研究经费占研发经费比重（%）	0.68	0.39
“双一流”建设学科数（个）	0	0
国家级科技成果奖数（项当量）	1.58	1.83
规上工业企业研发经费支出（亿元）	12.68	15.80
规上工业企业研发经费支出与营业收入之比（%）	2.47	0.64
科创板上市企业数（家）	0	0
北交所主板上市企业数（家）	—	0
高新技术企业数（家）	122	177

长治市（2）

指标名称	2019 年	2020 年
发明专利拥有量（件）	691	733
万人发明专利拥有量（件/万人）	1.99	2.31
技术输出合同成交额（亿元）	4.20	5.01
技术输出合同成交额与地区生产总值之比（%）	0.26	0.29
技术输入合同成交额（亿元）	18.26	19.39
技术输入合同成交额与地区生产总值之比（%）	1.11	1.13
国家级科技企业孵化器、大学科技园、双创示范基地数（个）	3	6
国家级科技企业孵化器、大学科技园新增在孵企业数（家）	21	9
高新技术企业营业收入与规上工业企业营业收入之比（%）	69.85	19.28
规上工业企业新产品销售收入与营业收入之比（%）	1.88	2.17
国家高新区营业收入（亿元）	347.26	450.17
国家高新区营业收入与地区生产总值之比（%）	21.18	26.30
地区生产总值（亿元）	1639.92	1711.64
人均地区生产总值（万元/人）	4.71	5.38
城乡居民人均可支配收入之比	2.27	2.21
单位地区生产总值能耗（吨标准煤/万元）	1.49	1.49
PM2.5 年平均浓度（微克/立方米）	47	44
居民人均可支配收入（万元/人）	3.44	3.60

合肥市（1）

指标名称	2019 年	2020 年
全社会研发经费支出（亿元）	291.76	353.48
全社会研发经费支出与地区生产总值之比（%）	3.10	3.52
财政科技支出（亿元）	130.32	163.33
财政科技支出占公共财政支出比重（%）	11.61	14.03
万名就业人员中研发人员（人年/万人）	121.89	144.58
普通高校在校学生数（万人）	53.62	58.62
万人普通高校在校学生数（人/万人）	655	625
实际使用外资额（万美元）	339150	359500
人均实际使用外资额（美元/人）	414.15	383.53
基础研究经费（亿元）	33.08	48.35
基础研究经费占研发经费比重（%）	11.34	13.68
“双一流”建设学科数（个）	13	13
国家级科技成果奖数（项当量）	47.41	63.48
规上工业企业研发经费支出（亿元）	173.50	192.24
规上工业企业研发经费支出与营业收入之比（%）	2.30	2.26
科创板上市企业数（家）	12	17
北交所主板上市企业数（家）	—	0
高新技术企业数（家）	2531	3304

合肥市（2）

指标名称	2019 年	2020 年
发明专利拥有量（件）	26350	32668
万人发明专利拥有量（件/万人）	32.18	34.85
技术输出合同成交额（亿元）	219.42	209.27
技术输出合同成交额与地区生产总值之比（%）	2.33	2.08
技术输入合同成交额（亿元）	252.56	227.18
技术输入合同成交额与地区生产总值之比（%）	2.68	2.26
国家级科技企业孵化器、大学科技园、双创示范基地数（个）	38	42
国家级科技企业孵化器、大学科技园新增在孵企业数（家）	367	403
高新技术企业营业收入与规上工业企业营业收入之比（%）	72.84	74.39
规上工业企业新产品销售收入与营业收入之比（%）	42.79	42.44
国家高新区营业收入（亿元）	6222.11	7303.22
国家高新区营业收入与地区生产总值之比（%）	66.13	72.70
地区生产总值（亿元）	9409.40	10045.72
人均地区生产总值（万元/人）	11.49	10.84
城乡居民人均可支配收入之比	2.02	1.99
单位地区生产总值能耗（吨标准煤/万元）	0.26	0.25
PM2.5 年平均浓度（微克/立方米）	44	36
居民人均可支配收入（万元/人）	4.54	4.83

芜湖市（1）

指标名称	2019 年	2020 年
全社会研发经费支出（亿元）	111.56	125.28
全社会研发经费支出与地区生产总值之比（%）	3.08	3.34
财政科技支出（亿元）	51.15	54.49
财政科技支出占公共财政支出比重（%）	10.18	11.22
万名就业人员中研发人员（人年/万人）	107.91	132.12
普通高校在校学生数（万人）	14.04	14.87
万人普通高校在校学生数（人/万人）	372	408
实际使用外资额（万美元）	292000	303680
人均实际使用外资额（美元/人）	772.90	832.96
基础研究经费（亿元）	1.09	2.13
基础研究经费占研发经费比重（%）	0.98	1.70
“双一流”建设学科数（个）	0	0
国家级科技成果奖数（项当量）	0	0
规上工业企业研发经费支出（亿元）	102.66	108.46
规上工业企业研发经费支出与营业收入之比（%）	2.23	2.32
科创板上市企业数（家）	1	1
北交所主板上市企业数（家）	—	0
高新技术企业数（家）	839	1012

芜湖市（2）

指标名称	2019 年	2020 年
发明专利拥有量（件）	13256	16146
万人发明专利拥有量（件/万人）	35.09	44.29
技术输出合同成交额（亿元）	110.75	119.03
技术输出合同成交额与地区生产总值之比（%）	3.06	3.17
技术输入合同成交额（亿元）	124.23	101.38
技术输入合同成交额与地区生产总值之比（%）	3.43	2.70
国家级科技企业孵化器、大学科技园、双创示范基地数（个）	9	12
国家级科技企业孵化器、大学科技园新增在孵企业数（家）	80	107
高新技术企业营业收入与规上工业企业营业收入之比（%）	50.07	52.24
规上工业企业新产品销售收入与营业收入之比（%）	33.35	40.39
国家高新区营业收入（亿元）	1409.19	1552.78
国家高新区营业收入与地区生产总值之比（%）	38.95	41.37
地区生产总值（亿元）	3618.26	3753.02
人均地区生产总值（万元/人）	9.58	10.30
城乡居民人均可支配收入之比	1.85	1.82
单位地区生产总值能耗（吨标准煤/万元）	0.33	0.34
PM2.5 年平均浓度（微克/立方米）	44	35
居民人均可支配收入（万元/人）	4.21	4.46

蚌埠市（1）

指标名称	2019 年	2020 年
全社会研发经费支出（亿元）	48.55	52.42
全社会研发经费支出与地区生产总值之比（%）	2.36	2.52
财政科技支出（亿元）	16.62	17.61
财政科技支出占公共财政支出比重（%）	4.93	5.40
万名就业人员中研发人员（人年/万人）	44.81	74.89
普通高校在校学生数（万人）	6.57	6.91
万人普通高校在校学生数（人/万人）	192	209
实际使用外资额（万美元）	140000	120499
人均实际使用外资额（美元/人）	410.32	365.41
基础研究经费（亿元）	1.55	2.86
基础研究经费占研发经费比重（%）	3.18	5.45
“双一流”建设学科数（个）	0	0
国家级科技成果奖数（项当量）	0	0
规上工业企业研发经费支出（亿元）	31.16	34.84
规上工业企业研发经费支出与营业收入之比（%）	1.48	1.54
科创板上市企业数（家）	1	1
北交所主板上市企业数（家）	—	2
高新技术企业数（家）	295	382

蚌埠市（2）

指标名称	2019 年	2020 年
发明专利拥有量（件）	5417	6914
万人发明专利拥有量（件/万人）	15.88	20.97
技术输出合同成交额（亿元）	36.39	75.90
技术输出合同成交额与地区生产总值之比（%）	1.77	3.64
技术输入合同成交额（亿元）	34.96	33.13
技术输入合同成交额与地区生产总值之比（%）	1.70	1.59
国家级科技企业孵化器、大学科技园、双创示范基地数（个）	5	5
国家级科技企业孵化器、大学科技园新增在孵企业数（家）	15	18
高新技术企业营业收入与规上工业企业营业收入之比（%）	16.57	20.02
规上工业企业新产品销售收入与营业收入之比（%）	18.41	27.64
国家高新区营业收入（亿元）	1262.68	1398.11
国家高新区营业收入与地区生产总值之比（%）	61.38	67.13
地区生产总值（亿元）	2057.17	2082.73
人均地区生产总值（万元/人）	6.03	6.32
城乡居民人均可支配收入之比	2.22	2.17
单位地区生产总值能耗（吨标准煤/万元）	0.29	0.29
PM2.5 年平均浓度（微克/立方米）	51	43
居民人均可支配收入（万元/人）	3.70	3.91

马鞍山市（1）

指标名称	2019 年	2020 年
全社会研发经费支出（亿元）	60.62	70.76
全社会研发经费支出与地区生产总值之比（%）	2.87	3.24
财政科技支出（亿元）	10.88	12.03
财政科技支出占公共财政支出比重（%）	4.29	4.54
万名就业人员中研发人员（人年/万人）	75.28	104.24
普通高校在校学生数（万人）	6.18	6.62
万人普通高校在校学生数（人/万人）	262	306
实际使用外资额（万美元）	265883	281478
人均实际使用外资额（美元/人）	1126.15	1302.72
基础研究经费（亿元）	0.39	0.44
基础研究经费占研发经费比重（%）	0.64	0.62
“双一流”建设学科数（个）	0	0
国家级科技成果奖数（项当量）	0	1.04
规上工业企业研发经费支出（亿元）	51.84	60.32
规上工业企业研发经费支出与营业收入之比（%）	1.84	2.02
科创板上市企业数（家）	0	0
北交所主板上市企业数（家）	—	0
高新技术企业数（家）	470	565

马鞍山市（2）

指标名称	2019 年	2020 年
发明专利拥有量（件）	5565	7012
万人发明专利拥有量（件/万人）	23.57	32.45
技术输出合同成交额（亿元）	19.39	52.84
技术输出合同成交额与地区生产总值之比（%）	0.92	2.42
技术输入合同成交额（亿元）	12.77	68.26
技术输入合同成交额与地区生产总值之比（%）	0.61	3.12
国家级科技企业孵化器、大学科技园、双创示范基地数（个）	5	6
国家级科技企业孵化器、大学科技园新增在孵企业数（家）	74	64
高新技术企业营业收入与规上工业企业营业收入之比（%）	33.15	37.79
规上工业企业新产品销售收入与营业收入之比（%）	19.24	21.14
国家高新区营业收入（亿元）	1321.88	1443.00
国家高新区营业收入与地区生产总值之比（%）	62.62	65.98
地区生产总值（亿元）	2110.97	2186.90
人均地区生产总值（万元/人）	8.94	10.10
城乡居民人均可支配收入之比	2.09	2.04
单位地区生产总值能耗（吨标准煤/万元）	0.94	1.04
PM2.5 年平均浓度（微克/立方米）	43	36
居民人均可支配收入（万元/人）	4.90	5.18

铜陵市（1）

指标名称	2019 年	2020 年
全社会研发经费支出（亿元）	28.10	33.09
全社会研发经费支出与地区生产总值之比（%）	2.93	3.30
财政科技支出（亿元）	9.47	10.31
财政科技支出占公共财政支出比重（%）	5.60	5.65
万名就业人员中研发人员（人年/万人）	34.82	91.27
普通高校在校学生数（万人）	3.43	3.80
万人普通高校在校学生数（人/万人）	209	289
实际使用外资额（万美元）	40000	43406
人均实际使用外资额（美元/人）	243.75	330.79
基础研究经费（亿元）	0.27	0.15
基础研究经费占研发经费比重（%）	0.97	0.46
“双一流”建设学科数（个）	0	0
国家级科技成果奖数（项当量）	0.48	0
规上工业企业研发经费支出（亿元）	26.52	30.95
规上工业企业研发经费支出与营业收入之比（%）	0.88	1.24
科创板上市企业数（家）	0	0
北交所主板上市企业数（家）	—	1
高新技术企业数（家）	215	259

铜陵市（2）

指标名称	2019 年	2020 年
发明专利拥有量（件）	2180	3262
万人发明专利拥有量（件/万人）	13.28	24.86
技术输出合同成交额（亿元）	7.60	14.02
技术输出合同成交额与地区生产总值之比（%）	0.79	1.40
技术输入合同成交额（亿元）	12.63	28.12
技术输入合同成交额与地区生产总值之比（%）	1.32	2.80
国家级科技企业孵化器、大学科技园、双创示范基地数（个）	5	7
国家级科技企业孵化器、大学科技园新增在孵企业数（家）	21	35
高新技术企业营业收入与规上工业企业营业收入之比（%）	7.19	12.25
规上工业企业新产品销售收入与营业收入之比（%）	20.67	27.48
国家高新区营业收入（亿元）	342.02	390.22
国家高新区营业收入与地区生产总值之比（%）	35.62	38.88
地区生产总值（亿元）	960.17	1003.67
人均地区生产总值（万元/人）	5.85	7.57
城乡居民人均可支配收入之比	2.49	2.41
单位地区生产总值能耗（吨标准煤/万元）	0.65	0.63
PM2.5 年平均浓度（微克/立方米）	47	35
居民人均可支配收入（万元/人）	3.93	4.12

滁州市（1）

指标名称	2019 年	2020 年
全社会研发经费支出（亿元）	50.63	53.21
全社会研发经费支出与地区生产总值之比（%）	1.74	1.75
财政科技支出（亿元）	14.05	15.20
财政科技支出占公共财政支出比重（%）	3.09	3.28
万名就业人员中研发人员（人年/万人）	37.26	59.50
普通高校在校学生数（万人）	5.57	6.01
万人普通高校在校学生数（人/万人）	134	151
实际使用外资额（万美元）	148985	159666
人均实际使用外资额（美元/人）	359.26	400.32
基础研究经费（亿元）	0.78	1.05
基础研究经费占研发经费比重（%）	1.54	1.97
“双一流”建设学科数（个）	0	0
国家级科技成果奖数（项当量）	0	0
规上工业企业研发经费支出（亿元）	44.72	44.98
规上工业企业研发经费支出与营业收入之比（%）	1.46	1.42
科创板上市企业数（家）	0	0
北交所主板上市企业数（家）	—	1
高新技术企业数（家）	429	593

滁州市（2）

指标名称	2019 年	2020 年
发明专利拥有量（件）	885	1268
万人发明专利拥有量（件/万人）	2.13	3.18
技术输出合同成交额（亿元）	21.68	57.44
技术输出合同成交额与地区生产总值之比（%）	0.75	1.89
技术输入合同成交额（亿元）	38.66	44.99
技术输入合同成交额与地区生产总值之比（%）	1.33	1.48
国家级科技企业孵化器、大学科技园、双创示范基地数（个）	5	6
国家级科技企业孵化器、大学科技园新增在孵企业数（家）	47	54
高新技术企业营业收入与规上工业企业营业收入之比（%）	24.49	35.69
规上工业企业新产品销售收入与营业收入之比（%）	31.14	43.19
国家高新区营业收入（亿元）	0	0
国家高新区营业收入与地区生产总值之比（%）	0	0
地区生产总值（亿元）	2909.06	3032.07
人均地区生产总值（万元/人）	7.01	7.61
城乡居民人均可支配收入之比	2.35	2.29
单位地区生产总值能耗（吨标准煤/万元）	0.36	0.38
PM2.5 年平均浓度（微克/立方米）	48	39
居民人均可支配收入（万元/人）	3.41	3.61

南昌市（1）

指标名称	2019 年	2020 年
全社会研发经费支出（亿元）	101.24	111.77
全社会研发经费支出与地区生产总值之比（%）	1.81	1.95
财政科技支出（亿元）	33.98	37.22
财政科技支出占公共财政支出比重（%）	4.07	4.44
万名就业人员中研发人员（人年/万人）	150.62	64.83
普通高校在校学生数（万人）	63.05	68.79
万人普通高校在校学生数（人/万人）	1126	1100
实际使用外资额（万美元）	377156	406000
人均实际使用外资额（美元/人）	673.42	649.00
基础研究经费（亿元）	7.97	10.22
基础研究经费占研发经费比重（%）	7.87	9.14
“双一流”建设学科数（个）	1	1
国家级科技成果奖数（项当量）	29.24	6.54
规上工业企业研发经费支出（亿元）	70.26	70.01
规上工业企业研发经费支出与营业收入之比（%）	1.02	0.95
科创板上市企业数（家）	1	1
北交所主板上市企业数（家）	—	1
高新技术企业数（家）	1423	2011

南昌市（2）

指标名称	2019 年	2020 年
发明专利拥有量（件）	5790	6886
万人发明专利拥有量（件/万人）	10.34	11.01
技术输出合同成交额（亿元）	56.81	73.46
技术输出合同成交额与地区生产总值之比（%）	1.02	1.28
技术输入合同成交额（亿元）	172.69	94.37
技术输入合同成交额与地区生产总值之比（%）	3.09	1.64
国家级科技企业孵化器、大学科技园、双创示范基地数（个）	36	38
国家级科技企业孵化器、大学科技园新增在孵企业数（家）	292	180
高新技术企业营业收入与规上工业企业营业收入之比（%）	56.60	64.91
规上工业企业新产品销售收入与营业收入之比（%）	21.04	23.14
国家高新区营业收入（亿元）	3560.16	4033.98
国家高新区营业收入与地区生产总值之比（%）	63.62	70.21
地区生产总值（亿元）	5596.18	5745.51
人均地区生产总值（万元/人）	9.99	9.27
城乡居民人均可支配收入之比	2.26	2.24
单位地区生产总值能耗（吨标准煤/万元）	0.29	0.28
PM2.5 年平均浓度（微克/立方米）	35	33
居民人均可支配收入（万元/人）	4.41	4.68

景德镇市（1）

指标名称	2019 年	2020 年
全社会研发经费支出（亿元）	20.37	21.01
全社会研发经费支出与地区生产总值之比（%）	2.20	2.20
财政科技支出（亿元）	4.64	5.15
财政科技支出占公共财政支出比重（%）	1.97	2.18
万名就业人员中研发人员（人年/万人）	119.11	63.58
普通高校在校学生数（万人）	3.39	2.58
万人普通高校在校学生数（人/万人）	202	159
实际使用外资额（万美元）	23675	25100
人均实际使用外资额（美元/人）	140.88	155.01
基础研究经费（亿元）	0.30	0.31
基础研究经费占研发经费比重（%）	1.47	1.48
“双一流”建设学科数（个）	0	0
国家级科技成果奖数（项当量）	0	0
规上工业企业研发经费支出（亿元）	13.75	14.51
规上工业企业研发经费支出与营业收入之比（%）	1.63	1.63
科创板上市企业数（家）	0	0
北交所主板上市企业数（家）	—	0
高新技术企业数（家）	143	199

景德镇市（2）

指标名称	2019 年	2020 年
发明专利拥有量（件）	780	971
万人发明专利拥有量（件/万人）	4.64	6.00
技术输出合同成交额（亿元）	6.55	13.98
技术输出合同成交额与地区生产总值之比（%）	0.71	1.46
技术输入合同成交额（亿元）	11.50	44.28
技术输入合同成交额与地区生产总值之比（%）	1.24	4.63
国家级科技企业孵化器、大学科技园、双创示范基地数（个）	5	5
国家级科技企业孵化器、大学科技园新增在孵企业数（家）	0	4
高新技术企业营业收入与规上工业企业营业收入之比（%）	51.59	52.02
规上工业企业新产品销售收入与营业收入之比（%）	28.97	68.42
国家高新区营业收入（亿元）	917.12	926.85
国家高新区营业收入与地区生产总值之比（%）	99.03	96.84
地区生产总值（亿元）	926.11	957.14
人均地区生产总值（万元/人）	5.51	5.91
城乡居民人均可支配收入之比	2.23	2.19
单位地区生产总值能耗（吨标准煤/万元）	0.47	0.47
PM2.5 年平均浓度（微克/立方米）	27	25
居民人均可支配收入（万元/人）	4.01	4.23

萍乡市（1）

指标名称	2019 年	2020 年
全社会研发经费支出（亿元）	13.98	14.73
全社会研发经费支出与地区生产总值之比（%）	1.50	1.53
财政科技支出（亿元）	7.18	7.90
财政科技支出占公共财政支出比重（%）	2.60	2.81
万名就业人员中研发人员（人年/万人）	28.29	86.06
普通高校在校学生数（万人）	3.21	4.08
万人普通高校在校学生数（人/万人）	165	226
实际使用外资额（万美元）	42602	6562
人均实际使用外资额（美元/人）	219.45	36.36
基础研究经费（亿元）	0.14	0.17
基础研究经费占研发经费比重（%）	1.00	1.14
“双一流”建设学科数（个）	0	0
国家级科技成果奖数（项当量）	0	0
规上工业企业研发经费支出（亿元）	13.25	12.56
规上工业企业研发经费支出与营业收入之比（%）	1.23	1.13
科创板上市企业数（家）	0	0
北交所主板上市企业数（家）	—	0
高新技术企业数（家）	168	224

萍乡市（2）

指标名称	2019年	2020年
发明专利拥有量（件）	480	637
万人发明专利拥有量（件/万人）	2.47	3.53
技术输出合同成交额（亿元）	10.04	24.66
技术输出合同成交额与地区生产总值之比（%）	1.08	2.56
技术输入合同成交额（亿元）	4.22	5.36
技术输入合同成交额与地区生产总值之比（%）	0.45	0.56
国家级科技企业孵化器、大学科技园、双创示范基地数（个）	1	2
国家级科技企业孵化器、大学科技园新增在孵企业数（家）	0	0
高新技术企业营业收入与规上工业企业营业收入之比（%）	11.49	15.44
规上工业企业新产品销售收入与营业收入之比（%）	15.61	4.60
国家高新区营业收入（亿元）	0	0
国家高新区营业收入与地区生产总值之比（%）	0	0
地区生产总值（亿元）	930.02	963.60
人均地区生产总值（万元/人）	4.79	5.33
城乡居民人均可支配收入之比	1.97	1.94
单位地区生产总值能耗（吨标准煤/万元）	0.82	0.81
PM2.5年平均浓度（微克/立方米）	40	33
居民人均可支配收入（万元/人）	3.85	4.04

新余市（1）

指标名称	2019 年	2020 年
全社会研发经费支出（亿元）	17.65	16.81
全社会研发经费支出与地区生产总值之比（%）	1.82	1.68
财政科技支出（亿元）	2.64	3.14
财政科技支出占公共财政支出比重（%）	1.69	1.91
万名就业人员中研发人员（人年/万人）	120.22	69.34
普通高校在校学生数（万人）	3.96	5.00
万人普通高校在校学生数（人/万人）	332	416
实际使用外资额（万美元）	50944	54348
人均实际使用外资额（美元/人）	426.88	451.88
基础研究经费（亿元）	0.09	0.15
基础研究经费占研发经费比重（%）	0.48	0.89
“双一流”建设学科数（个）	0	0
国家级科技成果奖数（项当量）	0	0
规上工业企业研发经费支出（亿元）	17.31	16.18
规上工业企业研发经费支出与营业收入之比（%）	1.12	0.91
科创板上市企业数（家）	0	0
北交所主板上市企业数（家）	—	0
高新技术企业数（家）	148	195

新余市（2）

指标名称	2019 年	2020 年
发明专利拥有量（件）	417	458
万人发明专利拥有量（件/万人）	3.49	3.81
技术输出合同成交额（亿元）	7.43	10.98
技术输出合同成交额与地区生产总值之比（%）	0.76	1.10
技术输入合同成交额（亿元）	10.23	21.73
技术输入合同成交额与地区生产总值之比（%）	1.05	2.17
国家级科技企业孵化器、大学科技园、双创示范基地数（个）	2	2
国家级科技企业孵化器、大学科技园新增在孵企业数（家）	7	5
高新技术企业营业收入与规上工业企业营业收入之比（%）	94.52	76.24
规上工业企业新产品销售收入与营业收入之比（%）	17.86	32.31
国家高新区营业收入（亿元）	1626.18	1627.74
国家高新区营业收入与地区生产总值之比（%）	167.37	162.56
地区生产总值（亿元）	971.58	1001.33
人均地区生产总值（万元/人）	8.14	8.36
城乡居民人均可支配收入之比	1.93	2.05
单位地区生产总值能耗（吨标准煤/万元）	0.99	0.95
PM2.5 年平均浓度（微克/立方米）	35	30
居民人均可支配收入（万元/人）	3.76	4.25

郑州市（1）

指标名称	2019 年	2020 年
全社会研发经费支出（亿元）	236.74	276.67
全社会研发经费支出与地区生产总值之比（%）	2.04	2.31
财政科技支出（亿元）	63.36	69.07
财政科技支出占公共财政支出比重（%）	3.32	4.02
万名就业人员中研发人员（人年/万人）	105.15	111.92
普通高校在校学生数（万人）	107.87	116.03
万人普通高校在校学生数（人/万人）	1042	920
实际使用外资额（万美元）	440542	465851
人均实际使用外资额（美元/人）	425.56	369.23
基础研究经费（亿元）	8.59	8.20
基础研究经费占研发经费比重（%）	3.63	2.96
“双一流”建设学科数（个）	3	3
国家级科技成果奖数（项当量）	19.43	31.12
规上工业企业研发经费支出（亿元）	135.80	157.06
规上工业企业研发经费支出与营业收入之比（%）	1.52	1.71
科创板上市企业数（家）	0	0
北交所主板上市企业数（家）	—	1
高新技术企业数（家）	1917	2744

郑州市（2）

指标名称	2019 年	2020 年
发明专利拥有量（件）	14289	17424
万人发明专利拥有量（件/万人）	13.80	13.81
技术输出合同成交额（亿元）	127.58	210.82
技术输出合同成交额与地区生产总值之比（%）	1.10	1.76
技术输入合同成交额（亿元）	159.26	212.02
技术输入合同成交额与地区生产总值之比（%）	1.37	1.77
国家级科技企业孵化器、大学科技园、双创示范基地数（个）	37	53
国家级科技企业孵化器、大学科技园新增在孵企业数（家）	400	436
高新技术企业营业收入与规上工业企业营业收入之比（%）	33.07	39.86
规上工业企业新产品销售收入与营业收入之比（%）	32.11	36.56
国家高新区营业收入（亿元）	2940.95	3096.96
国家高新区营业收入与地区生产总值之比（%）	25.38	25.80
地区生产总值（亿元）	11589.72	12003.04
人均地区生产总值（万元/人）	11.20	9.61
城乡居民人均可支配收入之比	1.79	1.73
单位地区生产总值能耗（吨标准煤/万元）	0.39	0.38
PM2.5 年平均浓度（微克/立方米）	58	51
居民人均可支配收入（万元/人）	4.21	4.29

洛阳市（1）

指标名称	2019 年	2020 年
全社会研发经费支出（亿元）	119.23	143.47
全社会研发经费支出与地区生产总值之比（%）	2.37	2.80
财政科技支出（亿元）	25.98	27.16
财政科技支出占公共财政支出比重（%）	4.01	3.94
万名就业人员中研发人员（人年/万人）	60.87	86.98
普通高校在校学生数（万人）	13.39	14.06
万人普通高校在校学生数（人/万人）	193	199
实际使用外资额（万美元）	290822	309483
人均实际使用外资额（美元/人）	420.14	438.42
基础研究经费（亿元）	2.56	1.16
基础研究经费占研发经费比重（%）	2.14	0.81
“双一流”建设学科数（个）	0	0
国家级科技成果奖数（项当量）	2.80	9.69
规上工业企业研发经费支出（亿元）	79.31	96.98
规上工业企业研发经费支出与营业收入之比（%）	1.59	1.93
科创板上市企业数（家）	1	2
北交所主板上市企业数（家）	—	1
高新技术企业数（家）	631	750

洛阳市（2）

指标名称	2019 年	2020 年
发明专利拥有量（件）	7322	8115
万人发明专利拥有量（件/万人）	10.58	11.50
技术输出合同成交额（亿元）	48.15	66.07
技术输出合同成交额与地区生产总值之比（%）	0.96	1.29
技术输入合同成交额（亿元）	36.17	38.95
技术输入合同成交额与地区生产总值之比（%）	0.72	0.76
国家级科技企业孵化器、大学科技园、双创示范基地数（个）	16	19
国家级科技企业孵化器、大学科技园新增在孵企业数（家）	282	298
高新技术企业营业收入与规上工业企业营业收入之比（%）	28.56	32.96
规上工业企业新产品销售收入与营业收入之比（%）	15.82	17.46
国家高新区营业收入（亿元）	2012.54	2750.56
国家高新区营业收入与地区生产总值之比（%）	39.97	53.63
地区生产总值（亿元）	5034.85	5128.36
人均地区生产总值（万元/人）	7.27	7.29
城乡居民人均可支配收入之比	2.58	2.47
单位地区生产总值能耗（吨标准煤/万元）	0.44	0.48
PM2.5 年平均浓度（微克/立方米）	62	51
居民人均可支配收入（万元/人）	3.86	3.93

新乡市（1）

指标名称	2019 年	2020 年
全社会研发经费支出（亿元）	62.56	66.91
全社会研发经费支出与地区生产总值之比（%）	2.14	2.22
财政科技支出（亿元）	11.27	10.09
财政科技支出占公共财政支出比重（%）	2.43	2.13
万名就业人员中研发人员（人年/万人）	40.38	46.34
普通高校在校学生数（万人）	17.51	18.16
万人普通高校在校学生数（人/万人）	301	290
实际使用外资额（万美元）	121560	131875
人均实际使用外资额（美元/人）	209.07	210.83
基础研究经费（亿元）	2.57	2.35
基础研究经费占研发经费比重（%）	4.11	3.52
“双一流”建设学科数（个）	0	0
国家级科技成果奖数（项当量）	0	0
规上工业企业研发经费支出（亿元）	49.59	54.69
规上工业企业研发经费支出与营业收入之比（%）	2.06	2.18
科创板上市企业数（家）	0	0
北交所主板上市企业数（家）	—	0
高新技术企业数（家）	261	319

新乡市（2）

指标名称	2019 年	2020 年
发明专利拥有量（件）	2606	2982
万人发明专利拥有量（件/万人）	4.48	4.77
技术输出合同成交额（亿元）	17.96	27.70
技术输出合同成交额与地区生产总值之比（%）	0.62	0.92
技术输入合同成交额（亿元）	9.71	34.78
技术输入合同成交额与地区生产总值之比（%）	0.33	1.15
国家级科技企业孵化器、大学科技园、双创示范基地数（个）	2	4
国家级科技企业孵化器、大学科技园新增在孵企业数（家）	81	101
高新技术企业营业收入与规上工业企业营业收入之比（%）	19.01	21.84
规上工业企业新产品销售收入与营业收入之比（%）	18.22	23.79
国家高新区营业收入（亿元）	638.46	665.49
国家高新区营业收入与地区生产总值之比（%）	21.88	22.08
地区生产总值（亿元）	2918.18	3014.51
人均地区生产总值（万元/人）	5.02	4.82
城乡居民人均可支配收入之比	2.06	1.95
单位地区生产总值能耗（吨标准煤/万元）	0.58	0.58
PM2.5 年平均浓度（微克/立方米）	56	51
居民人均可支配收入（万元/人）	3.36	3.41

南阳市（1）

指标名称	2019 年	2020 年
全社会研发经费支出（亿元）	40.99	44.61
全社会研发经费支出与地区生产总值之比（%）	1.07	1.14
财政科技支出（亿元）	12.05	14.14
财政科技支出占公共财政支出比重（%）	1.72	1.90
万名就业人员中研发人员（人年/万人）	17.62	22.23
普通高校在校学生数（万人）	9.82	11.13
万人普通高校在校学生数（人/万人）	98	115
实际使用外资额（万美元）	69162	68814
人均实际使用外资额（美元/人）	68.94	70.83
基础研究经费（亿元）	0.24	0.18
基础研究经费占研发经费比重（%）	0.60	0.40
“双一流”建设学科数（个）	0	0
国家级科技成果奖数（项当量）	1.58	0
规上工业企业研发经费支出（亿元）	39.61	42.50
规上工业企业研发经费支出与营业收入之比（%）	1.73	2.02
科创板上市企业数（家）	1	1
北交所主板上市企业数（家）	—	0
高新技术企业数（家）	181	243

南阳市（2）

指标名称	2019 年	2020 年
发明专利拥有量（件）	1887	2082
万人发明专利拥有量（件/万人）	1.88	2.14
技术输出合同成交额（亿元）	7.17	12.34
技术输出合同成交额与地区生产总值之比（%）	0.19	0.31
技术输入合同成交额（亿元）	20.29	16.05
技术输入合同成交额与地区生产总值之比（%）	0.53	0.41
国家级科技企业孵化器、大学科技园、双创示范基地数（个）	4	5
国家级科技企业孵化器、大学科技园新增在孵企业数（家）	7	10
高新技术企业营业收入与规上工业企业营业收入之比（%）	21.79	27.11
规上工业企业新产品销售收入与营业收入之比（%）	15.55	19.63
国家高新区营业收入（亿元）	303.59	365.40
国家高新区营业收入与地区生产总值之比（%）	7.96	9.31
地区生产总值（亿元）	3814.98	3925.86
人均地区生产总值（万元/人）	3.80	4.03
城乡居民人均可支配收入之比	2.20	2.11
单位地区生产总值能耗（吨标准煤/万元）	0.36	0.36
PM2.5 年平均浓度（微克/立方米）	60	51
居民人均可支配收入（万元/人）	3.34	3.39

武汉市（1）

指标名称	2019 年	2020 年
全社会研发经费支出（亿元）	520.69	548.05
全社会研发经费支出与地区生产总值之比（%）	3.21	3.51
财政科技支出（亿元）	176.43	152.67
财政科技支出占公共财政支出比重（%）	7.89	6.34
万名就业人员中研发人员（人年/万人）	137.34	141.74
普通高校在校学生数（万人）	100.69	106.72
万人普通高校在校学生数（人/万人）	898	857
实际使用外资额（万美元）	1230896	161868
人均实际使用外资额（美元/人）	1097.84	130.04
基础研究经费（亿元）	28.23	32.18
基础研究经费占研发经费比重（%）	5.42	5.87
“双一流”建设学科数（个）	29	32
国家级科技成果奖数（项当量）	163.39	140.54
规上工业企业研发经费支出（亿元）	189.64	198.63
规上工业企业研发经费支出与营业收入之比（%）	1.37	1.61
科创板上市企业数（家）	7	7
北交所主板上市企业数（家）	—	1
高新技术企业数（家）	4276	6131

武汉市（2）

指标名称	2019 年	2020 年
发明专利拥有量（件）	46108	58587
万人发明专利拥有量（件/万人）	41.12	47.07
技术输出合同成交额（亿元）	824.83	932.13
技术输出合同成交额与地区生产总值之比（%）	5.08	5.97
技术输入合同成交额（亿元）	514.02	788.89
技术输入合同成交额与地区生产总值之比（%）	3.17	5.05
国家级科技企业孵化器、大学科技园、双创示范基地数（个）	80	105
国家级科技企业孵化器、大学科技园新增在孵企业数（家）	765	798
高新技术企业营业收入与规上工业企业营业收入之比（%）	80.02	98.81
规上工业企业新产品销售收入与营业收入之比（%）	14.49	17.06
国家高新区营业收入（亿元）	13052.59	12405.23
国家高新区营业收入与地区生产总值之比（%）	80.46	79.44
地区生产总值（亿元）	16223.21	15616.06
人均地区生产总值（万元/人）	14.47	13.14
城乡居民人均可支配收入之比	2.09	2.09
单位地区生产总值能耗（吨标准煤/万元）	0.58	0.55
PM2.5 年平均浓度（微克/立方米）	45	37
居民人均可支配收入（万元/人）	5.17	5.04

黄石市（1）

指标名称	2019 年	2020 年
全社会研发经费支出（亿元）	31.35	33.02
全社会研发经费支出与地区生产总值之比（%）	1.77	2.01
财政科技支出（亿元）	4.85	5.91
财政科技支出占公共财政支出比重（%）	1.82	2.06
万名就业人员中研发人员（人年/万人）	54.55	54.21
普通高校在校学生数（万人）	4.75	5.43
万人普通高校在校学生数（人/万人）	192	220
实际使用外资额（万美元）	21820	19874
人均实际使用外资额（美元/人）	88.15	80.51
基础研究经费（亿元）	0.04	0.10
基础研究经费占研发经费比重（%）	0.13	0.29
“双一流”建设学科数（个）	0	0
国家级科技成果奖数（项当量）	1.20	0
规上工业企业研发经费支出（亿元）	29.21	32.35
规上工业企业研发经费支出与营业收入之比（%）	1.41	1.82
科创板上市企业数（家）	0	0
北交所主板上市企业数（家）	—	0
高新技术企业数（家）	292	375

黄石市（2）

指标名称	2019 年	2020 年
发明专利拥有量（件）	763	907
万人发明专利拥有量（件/万人）	3.08	3.67
技术输出合同成交额（亿元）	38.69	56.90
技术输出合同成交额与地区生产总值之比（%）	2.19	3.47
技术输入合同成交额（亿元）	12.03	24.06
技术输入合同成交额与地区生产总值之比（%）	0.68	1.47
国家级科技企业孵化器、大学科技园、双创示范基地数（个）	7	5
国家级科技企业孵化器、大学科技园新增在孵企业数（家）	32	51
高新技术企业营业收入与规上工业企业营业收入之比（%）	29.06	40.31
规上工业企业新产品销售收入与营业收入之比（%）	35.54	40.51
国家高新区营业收入（亿元）	1103.64	1011.84
国家高新区营业收入与地区生产总值之比（%）	62.45	61.65
地区生产总值（亿元）	1767.19	1641.32
人均地区生产总值（万元/人）	7.14	6.64
城乡居民人均可支配收入之比	2.34	2.29
单位地区生产总值能耗（吨标准煤/万元）	0.98	1.04
PM2.5 年平均浓度（微克/立方米）	40	35
居民人均可支配收入（万元/人）	3.87	3.79

宜昌市（1）

指标名称	2019 年	2020 年
全社会研发经费支出（亿元）	101.51	111.68
全社会研发经费支出与地区生产总值之比（%）	2.28	2.62
财政科技支出（亿元）	16.56	15.11
财政科技支出占公共财政支出比重（%）	2.77	2.56
万名就业人员中研发人员（人年/万人）	95.02	105.72
普通高校在校学生数（万人）	6.00	6.11
万人普通高校在校学生数（人/万人）	145	153
实际使用外资额（万美元）	30191	14492
人均实际使用外资额（美元/人）	72.96	36.29
基础研究经费（亿元）	0.45	0.39
基础研究经费占研发经费比重（%）	0.44	0.35
“双一流”建设学科数（个）	0	0
国家级科技成果奖数（项当量）	15.41	0
规上工业企业研发经费支出（亿元）	95.37	90.81
规上工业企业研发经费支出与营业收入之比（%）	2.67	2.82
科创板上市企业数（家）	0	1
北交所主板上市企业数（家）	—	0
高新技术企业数（家）	512	629

宜昌市（2）

指标名称	2019 年	2020 年
发明专利拥有量（件）	3526	4123
万人发明专利拥有量（件/万人）	8.52	10.32
技术输出合同成交额（亿元）	121.74	162.84
技术输出合同成交额与地区生产总值之比（%）	2.73	3.82
技术输入合同成交额（亿元）	60.48	116.48
技术输入合同成交额与地区生产总值之比（%）	1.36	2.73
国家级科技企业孵化器、大学科技园、双创示范基地数（个）	12	16
国家级科技企业孵化器、大学科技园新增在孵企业数（家）	130	156
高新技术企业营业收入与规上工业企业营业收入之比（%）	44.82	50.77
规上工业企业新产品销售收入与营业收入之比（%）	21.38	23.08
国家高新区营业收入（亿元）	1651.39	2040.31
国家高新区营业收入与地区生产总值之比（%）	37.02	47.88
地区生产总值（亿元）	4460.82	4261.42
人均地区生产总值（万元/人）	10.78	10.48
城乡居民人均可支配收入之比	2.12	2.01
单位地区生产总值能耗（吨标准煤/万元）	0.87	0.86
PM2.5 年平均浓度（微克/立方米）	45	41
居民人均可支配收入（万元/人）	3.85	3.72

襄阳市（1）

指标名称	2019 年	2020 年
全社会研发经费支出（亿元）	82.42	87.86
全社会研发经费支出与地区生产总值之比（%）	1.71	1.91
财政科技支出（亿元）	27.04	20.50
财政科技支出占公共财政支出比重（%）	3.71	3.06
万名就业人员中研发人员（人年/万人）	48.44	54.75
普通高校在校学生数（万人）	5.11	7.24
万人普通高校在校学生数（人/万人）	90	138
实际使用外资额（万美元）	95797	83111
人均实际使用外资额（美元/人）	168.66	157.97
基础研究经费（亿元）	0.13	0.18
基础研究经费占研发经费比重（%）	0.16	0.20
“双一流”建设学科数（个）	0	0
国家级科技成果奖数（项当量）	0	0.69
规上工业企业研发经费支出（亿元）	76.07	78.61
规上工业企业研发经费支出与营业收入之比（%）	1.30	1.49
科创板上市企业数（家）	0	1
北交所主板上市企业数（家）	—	0
高新技术企业数（家）	529	628

襄阳市（2）

指标名称	2019 年	2020 年
发明专利拥有量（件）	3521	3991
万人发明专利拥有量（件/万人）	6.20	7.59
技术输出合同成交额（亿元）	131.15	138.61
技术输出合同成交额与地区生产总值之比（%）	2.73	3.01
技术输入合同成交额（亿元）	77.90	108.09
技术输入合同成交额与地区生产总值之比（%）	1.62	2.35
国家级科技企业孵化器、大学科技园、双创示范基地数（个）	8	8
国家级科技企业孵化器、大学科技园新增在孵企业数（家）	82	102
高新技术企业营业收入与规上工业企业营业收入之比（%）	41.18	44.48
规上工业企业新产品销售收入与营业收入之比（%）	30.51	24.07
国家高新区营业收入（亿元）	3600.04	3319.80
国家高新区营业收入与地区生产总值之比（%）	74.80	72.14
地区生产总值（亿元）	4812.84	4601.97
人均地区生产总值（万元/人）	8.47	8.48
城乡居民人均可支配收入之比	1.97	2.05
单位地区生产总值能耗（吨标准煤/万元）	0.73	0.70
PM2.5 年平均浓度（微克/立方米）	60	52
居民人均可支配收入（万元/人）	3.73	3.77

荆门市（1）

指标名称	2019 年	2020 年
全社会研发经费支出（亿元）	33.23	32.40
全社会研发经费支出与地区生产总值之比（%）	1.63	1.70
财政科技支出（亿元）	8.52	9.47
财政科技支出占公共财政支出比重（%）	2.90	3.03
万名就业人员中研发人员（人年/万人）	56.15	66.74
普通高校在校学生数（万人）	1.87	2.28
万人普通高校在校学生数（人/万人）	65	90
实际使用外资额（万美元）	49337	12508
人均实际使用外资额（美元/人）	170.27	49.30
基础研究经费（亿元）	0.01	0.03
基础研究经费占研发经费比重（%）	0.03	0.08
“双一流”建设学科数（个）	0	0
国家级科技成果奖数（项当量）	0	0.48
规上工业企业研发经费支出（亿元）	31.36	32.01
规上工业企业研发经费支出与营业收入之比（%）	0.95	1.09
科创板上市企业数（家）	0	0
北交所主板上市企业数（家）	—	0
高新技术企业数（家）	276	297

荆门市（2）

指标名称	2019 年	2020 年
发明专利拥有量（件）	480	609
万人发明专利拥有量（件/万人）	1.66	2.40
技术输出合同成交额（亿元）	24.98	29.22
技术输出合同成交额与地区生产总值之比（%）	1.23	1.53
技术输入合同成交额（亿元）	8.99	14.39
技术输入合同成交额与地区生产总值之比（%）	0.44	0.75
国家级科技企业孵化器、大学科技园、双创示范基地数（个）	5	5
国家级科技企业孵化器、大学科技园新增在孵企业数（家）	100	22
高新技术企业营业收入与规上工业企业营业收入之比（%）	25.82	25.64
规上工业企业新产品销售收入与营业收入之比（%）	30.43	33.36
国家高新区营业收入（亿元）	1677.72	1440.20
国家高新区营业收入与地区生产总值之比（%）	82.49	75.55
地区生产总值（亿元）	2033.77	1906.41
人均地区生产总值（万元/人）	7.02	7.02
城乡居民人均可支配收入之比	1.79	1.80
单位地区生产总值能耗（吨标准煤/万元）	0.73	0.77
PM2.5 年平均浓度（微克/立方米）	56	41
居民人均可支配收入（万元/人）	3.68	3.60

长沙市（1）

指标名称	2019 年	2020 年
全社会研发经费支出（亿元）	316.18	357.52
全社会研发经费支出与地区生产总值之比（%）	2.73	2.94
财政科技支出（亿元）	49.25	55.45
财政科技支出占公共财政支出比重（%）	3.45	3.69
万名就业人员中研发人员（人年/万人）	113.30	138.82
普通高校在校学生数（万人）	66.59	69.74
万人普通高校在校学生数（人/万人）	793	693
实际使用外资额（万美元）	637366	728165
人均实际使用外资额（美元/人）	759.27	723.76
基础研究经费（亿元）	18.73	19.01
基础研究经费占研发经费比重（%）	5.92	5.32
“双一流”建设学科数（个）	12	14
国家级科技成果奖数（项当量）	126.63	74.24
规上工业企业研发经费支出（亿元）	185.14	210.77
规上工业企业研发经费支出与营业收入之比（%）	2.15	2.48
科创板上市企业数（家）	8	8
北交所主板上市企业数（家）	—	1
高新技术企业数（家）	3055	4094

长沙市（2）

指标名称	2019 年	2020 年
发明专利拥有量（件）	27676	33807
万人发明专利拥有量（件/万人）	32.97	33.60
技术输出合同成交额（亿元）	234.63	338.70
技术输出合同成交额与地区生产总值之比（%）	2.03	2.79
技术输入合同成交额（亿元）	168.02	252.80
技术输入合同成交额与地区生产总值之比（%）	1.45	2.08
国家级科技企业孵化器、大学科技园、双创示范基地数（个）	39	50
国家级科技企业孵化器、大学科技园新增在孵企业数（家）	364	365
高新技术企业营业收入与规上工业企业营业收入之比（%）	93.40	100.38
规上工业企业新产品销售收入与营业收入之比（%）	35.67	33.54
国家高新区营业收入（亿元）	4782.83	5170.20
国家高新区营业收入与地区生产总值之比（%）	41.32	42.58
地区生产总值（亿元）	11574.22	12142.52
人均地区生产总值（万元/人）	13.79	12.33
城乡居民人均可支配收入之比	1.71	1.67
单位地区生产总值能耗（吨标准煤/万元）	0.42	0.26
PM2.5 年平均浓度（微克/立方米）	47	41
居民人均可支配收入（万元/人）	5.52	5.80

株洲市（1）

指标名称	2019 年	2020 年
全社会研发经费支出（亿元）	87.44	101.54
全社会研发经费支出与地区生产总值之比（%）	2.91	3.27
财政科技支出（亿元）	25.87	36.40
财政科技支出占公共财政支出比重（%）	4.94	7.75
万名就业人员中研发人员（人年/万人）	57.21	92.05
普通高校在校学生数（万人）	10.19	11.07
万人普通高校在校学生数（人/万人）	253	284
实际使用外资额（万美元）	153591	178932
人均实际使用外资额（美元/人）	381.26	458.44
基础研究经费（亿元）	0.36	0.43
基础研究经费占研发经费比重（%）	0.42	0.43
“双一流”建设学科数（个）	0	0
国家级科技成果奖数（项当量）	21.22	1.54
规上工业企业研发经费支出（亿元）	61.56	68.46
规上工业企业研发经费支出与营业收入之比（%）	2.27	2.38
科创板上市企业数（家）	2	3
北交所主板上市企业数（家）	—	0
高新技术企业数（家）	544	719

株洲市（2）

指标名称	2019 年	2020 年
发明专利拥有量（件）	6061	7090
万人发明专利拥有量（件/万人）	15.05	18.17
技术输出合同成交额（亿元）	105.83	150.92
技术输出合同成交额与地区生产总值之比（%）	3.52	4.86
技术输入合同成交额（亿元）	25.87	70.63
技术输入合同成交额与地区生产总值之比（%）	0.86	2.27
国家级科技企业孵化器、大学科技园、双创示范基地数（个）	10	11
国家级科技企业孵化器、大学科技园新增在孵企业数（家）	38	28
高新技术企业营业收入与规上工业企业营业收入之比（%）	78.70	84.67
规上工业企业新产品销售收入与营业收入之比（%）	24.15	25.06
国家高新区营业收入（亿元）	2595.88	2890.83
国家高新区营业收入与地区生产总值之比（%）	86.44	93.08
地区生产总值（亿元）	3003.13	3105.80
人均地区生产总值（万元/人）	7.45	7.96
城乡居民人均可支配收入之比	2.15	2.10
单位地区生产总值能耗（吨标准煤/万元）	0.58	0.56
PM2.5 年平均浓度（微克/立方米）	47	32
居民人均可支配收入（万元/人）	4.66	4.88

湘潭市（1）

指标名称	2019 年	2020 年
全社会研发经费支出（亿元）	50.85	59.17
全社会研发经费支出与地区生产总值之比（%）	2.25	2.53
财政科技支出（亿元）	12.99	17.33
财政科技支出占公共财政支出比重（%）	4.10	5.91
万名就业人员中研发人员（人年/万人）	59.62	120.79
普通高校在校学生数（万人）	14.06	15.36
万人普通高校在校学生数（人/万人）	488	563
实际使用外资额（万美元）	154421	180182
人均实际使用外资额（美元/人）	535.90	661.10
基础研究经费（亿元）	2.69	1.71
基础研究经费占研发经费比重（%）	5.28	2.90
“双一流”建设学科数（个）	0	1
国家级科技成果奖数（项当量）	20.70	0
规上工业企业研发经费支出（亿元）	42.11	46.83
规上工业企业研发经费支出与营业收入之比（%）	1.21	1.31
科创板上市企业数（家）	0	0
北交所主板上市企业数（家）	—	0
高新技术企业数（家）	394	513

湘潭市（2）

指标名称	2019 年	2020 年
发明专利拥有量（件）	3194	3856
万人发明专利拥有量（件/万人）	11.08	14.15
技术输出合同成交额（亿元）	65.66	117.75
技术输出合同成交额与地区生产总值之比（%）	2.91	5.03
技术输入合同成交额（亿元）	24.72	22.95
技术输入合同成交额与地区生产总值之比（%）	1.10	0.98
国家级科技企业孵化器、大学科技园、双创示范基地数（个）	7	8
国家级科技企业孵化器、大学科技园新增在孵企业数（家）	54	52
高新技术企业营业收入与规上工业企业营业收入之比（%）	39.33	38.28
规上工业企业新产品销售收入与营业收入之比（%）	21.35	22.81
国家高新区营业收入（亿元）	1484.41	1560.61
国家高新区营业收入与地区生产总值之比（%）	65.75	66.60
地区生产总值（亿元）	2257.63	2343.15
人均地区生产总值（万元/人）	7.83	8.59
城乡居民人均可支配收入之比	1.89	1.85
单位地区生产总值能耗（吨标准煤/万元）	0.76	0.75
PM2.5 年平均浓度（微克/立方米）	48	39
居民人均可支配收入（万元/人）	3.99	4.18

衡阳市（1）

指标名称	2019 年	2020 年
全社会研发经费支出（亿元）	46.16	63.43
全社会研发经费支出与地区生产总值之比（%）	1.37	1.81
财政科技支出（亿元）	5.21	11.55
财政科技支出占公共财政支出比重（%）	0.87	2.00
万名就业人员中研发人员（人年/万人）	24.87	43.90
普通高校在校学生数（万人）	12.88	13.88
万人普通高校在校学生数（人/万人）	176	209
实际使用外资额（万美元）	158032	181503
人均实际使用外资额（美元/人）	216.46	273.26
基础研究经费（亿元）	2.34	4.25
基础研究经费占研发经费比重（%）	5.07	6.70
“双一流”建设学科数（个）	0	0
国家级科技成果奖数（项当量）	3.44	0
规上工业企业研发经费支出（亿元）	37.67	41.90
规上工业企业研发经费支出与营业收入之比（%）	2.30	2.37
科创板上市企业数（家）	0	0
北交所主板上市企业数（家）	—	0
高新技术企业数（家）	270	413

衡阳市（2）

指标名称	2019 年	2020 年
发明专利拥有量（件）	1623	1953
万人发明专利拥有量（件/万人）	2.22	2.94
技术输出合同成交额（亿元）	12.59	18.09
技术输出合同成交额与地区生产总值之比（%）	0.37	0.52
技术输入合同成交额（亿元）	14.99	23.17
技术输入合同成交额与地区生产总值之比（%）	0.44	0.66
国家级科技企业孵化器、大学科技园、双创示范基地数（个）	1	1
国家级科技企业孵化器、大学科技园新增在孵企业数（家）	0	0
高新技术企业营业收入与规上工业企业营业收入之比（%）	49.38	45.92
规上工业企业新产品销售收入与营业收入之比（%）	17.08	17.38
国家高新区营业收入（亿元）	803.69	811.32
国家高新区营业收入与地区生产总值之比（%）	23.83	23.12
地区生产总值（亿元）	3372.68	3508.50
人均地区生产总值（万元/人）	4.62	5.26
城乡居民人均可支配收入之比	1.74	1.81
单位地区生产总值能耗（吨标准煤/万元）	0.56	0.54
PM2.5 年平均浓度（微克/立方米）	42	34
居民人均可支配收入（万元/人）	3.46	3.85

呼和浩特市（1）

指标名称	2019 年	2020 年
全社会研发经费支出（亿元）	43.65	46.82
全社会研发经费支出与地区生产总值之比（%）	1.56	1.67
财政科技支出（亿元）	7.19	4.53
财政科技支出占公共财政支出比重（%）	1.72	1.03
万名就业人员中研发人员（人年/万人）	38.74	44.96
普通高校在校学生数（万人）	24.32	24.86
万人普通高校在校学生数（人/万人）	775	720
实际使用外资额（万美元）	25733	36922
人均实际使用外资额（美元/人）	82.04	106.89
基础研究经费（亿元）	3.05	2.16
基础研究经费占研发经费比重（%）	6.98	4.61
“双一流”建设学科数（个）	1	1
国家级科技成果奖数（项当量）	4.55	5.47
规上工业企业研发经费支出（亿元）	27.19	29.00
规上工业企业研发经费支出与营业收入之比（%）	1.34	1.37
科创板上市企业数（家）	0	0
北交所主板上市企业数（家）	—	1
高新技术企业数（家）	305	333

呼和浩特市（2）

指标名称	2019 年	2020 年
发明专利拥有量（件）	2327	2675
万人发明专利拥有量（件/万人）	7.42	7.74
技术输出合同成交额（亿元）	12.62	14.88
技术输出合同成交额与地区生产总值之比（%）	0.45	0.53
技术输入合同成交额（亿元）	63.35	57.72
技术输入合同成交额与地区生产总值之比（%）	2.27	2.06
国家级科技企业孵化器、大学科技园、双创示范基地数（个）	14	17
国家级科技企业孵化器、大学科技园新增在孵企业数（家）	55	50
高新技术企业营业收入与规上工业企业营业收入之比（%）	27.50	32.19
规上工业企业新产品销售收入与营业收入之比（%）	16.32	21.71
国家高新区营业收入（亿元）	961.08	1419.34
国家高新区营业收入与地区生产总值之比（%）	34.43	50.68
地区生产总值（亿元）	2791.46	2800.68
人均地区生产总值（万元/人）	8.90	8.17
城乡居民人均可支配收入之比	2.60	2.43
单位地区生产总值能耗（吨标准煤/万元）	0.62	0.64
PM2.5 年平均浓度（微克/立方米）	37	40
居民人均可支配收入（万元/人）	4.94	4.98

包头市（1）

指标名称	2019 年	2020 年
全社会研发经费支出（亿元）	42.86	56.94
全社会研发经费支出与地区生产总值之比（%）	1.58	2.04
财政科技支出（亿元）	4.28	4.16
财政科技支出占公共财政支出比重（%）	1.17	1.10
万名就业人员中研发人员（人年/万人）	54.01	75.89
普通高校在校学生数（万人）	7.64	8.67
万人普通高校在校学生数（人/万人）	264	320
实际使用外资额（万美元）	18100	12792
人均实际使用外资额（美元/人）	62.48	47.20
基础研究经费（亿元）	0.98	0.14
基础研究经费占研发经费比重（%）	2.29	0.24
“双一流”建设学科数（个）	0	0
国家级科技成果奖数（项当量）	0	0
规上工业企业研发经费支出（亿元）	35.04	48.62
规上工业企业研发经费支出与营业收入之比（%）	1.16	1.54
科创板上市企业数（家）	0	0
北交所主板上市企业数（家）	—	0
高新技术企业数（家）	188	214

包头市（2）

指标名称	2019 年	2020 年
发明专利拥有量（件）	1635	1893
万人发明专利拥有量（件/万人）	5.64	6.98
技术输出合同成交额（亿元）	1.45	4.82
技术输出合同成交额与地区生产总值之比（%）	0.05	0.17
技术输入合同成交额（亿元）	6.52	13.64
技术输入合同成交额与地区生产总值之比（%）	0.24	0.49
国家级科技企业孵化器、大学科技园、双创示范基地数（个）	14	18
国家级科技企业孵化器、大学科技园新增在孵企业数（家）	95	100
高新技术企业营业收入与规上工业企业营业收入之比（%）	55.70	61.15
规上工业企业新产品销售收入与营业收入之比（%）	15.61	10.87
国家高新区营业收入（亿元）	1948.72	2199.80
国家高新区营业收入与地区生产总值之比（%）	71.79	78.92
地区生产总值（亿元）	2714.47	2787.36
人均地区生产总值（万元/人）	9.37	10.29
城乡居民人均可支配收入之比	2.63	2.46
单位地区生产总值能耗（吨标准煤/万元）	1.72	1.77
PM2.5 年平均浓度（微克/立方米）	38	44
居民人均可支配收入（万元/人）	5.04	5.10

南宁市（1）

指标名称	2019 年	2020 年
全社会研发经费支出（亿元）	52.55	50.11
全社会研发经费支出与地区生产总值之比（%）	1.17	1.06
财政科技支出（亿元）	10.67	13.22
财政科技支出占公共财政支出比重（%）	1.35	1.61
万名就业人员中研发人员（人年/万人）	25.69	44.37
普通高校在校学生数（万人）	48.74	56.88
万人普通高校在校学生数（人/万人）	664	650
实际使用外资额（万美元）	31018	44023
人均实际使用外资额（美元/人）	42.23	50.30
基础研究经费（亿元）	10.98	6.68
基础研究经费占研发经费比重（%）	20.88	13.33
“双一流”建设学科数（个）	1	1
国家级科技成果奖数（项当量）	16.08	1.27
规上工业企业研发经费支出（亿元）	11.25	11.45
规上工业企业研发经费支出与营业收入之比（%）	0.49	0.47
科创板上市企业数（家）	0	0
北交所主板上市企业数（家）	—	0
高新技术企业数（家）	986	1132

南宁市（2）

指标名称	2019 年	2020 年
发明专利拥有量（件）	7784	8663
万人发明专利拥有量（件/万人）	10.60	9.90
技术输出合同成交额（亿元）	29.85	38.45
技术输出合同成交额与地区生产总值之比（%）	0.66	0.81
技术输入合同成交额（亿元）	180.14	258.99
技术输入合同成交额与地区生产总值之比（%）	4.00	5.48
国家级科技企业孵化器、大学科技园、双创示范基地数（个）	13	14
国家级科技企业孵化器、大学科技园新增在孵企业数（家）	214	220
高新技术企业营业收入与规上工业企业营业收入之比（%）	68.67	84.71
规上工业企业新产品销售收入与营业收入之比（%）	6.63	8.43
国家高新区营业收入（亿元）	2698.38	2838.03
国家高新区营业收入与地区生产总值之比（%）	59.88	60.05
地区生产总值（亿元）	4506.56	4726.34
人均地区生产总值（万元/人）	6.14	5.47
城乡居民人均可支配收入之比	2.50	2.39
单位地区生产总值能耗（吨标准煤/万元）	0.28	0.27
PM2.5 年平均浓度（微克/立方米）	30	26
居民人均可支配收入（万元/人）	3.77	3.85

柳州市（1）

指标名称	2019 年	2020 年
全社会研发经费支出（亿元）	56.33	56.80
全社会研发经费支出与地区生产总值之比（%）	1.80	1.79
财政科技支出（亿元）	5.64	4.29
财政科技支出占公共财政支出比重（%）	1.13	0.91
万名就业人员中研发人员（人年/万人）	45.37	39.92
普通高校在校学生数（万人）	9.44	10.34
万人普通高校在校学生数（人/万人）	232	248
实际使用外资额（万美元）	9937	7137
人均实际使用外资额（美元/人）	24.37	17.14
基础研究经费（亿元）	0.31	0.23
基础研究经费占研发经费比重（%）	0.54	0.41
“双一流”建设学科数（个）	0	0
国家级科技成果奖数（项当量）	4.37	0.98
规上工业企业研发经费支出（亿元）	51.07	52.35
规上工业企业研发经费支出与营业收入之比（%）	1.29	1.41
科创板上市企业数（家）	0	0
北交所主板上市企业数（家）	—	0
高新技术企业数（家）	531	579

柳州市（2）

指标名称	2019 年	2020 年
发明专利拥有量（件）	3820	3875
万人发明专利拥有量（件/万人）	9.37	9.31
技术输出合同成交额（亿元）	7.54	12.68
技术输出合同成交额与地区生产总值之比（%）	0.24	0.40
技术输入合同成交额（亿元）	17.64	51.82
技术输入合同成交额与地区生产总值之比（%）	0.56	1.63
国家级科技企业孵化器、大学科技园、双创示范基地数（个）	6	10
国家级科技企业孵化器、大学科技园新增在孵企业数（家）	75	74
高新技术企业营业收入与规上工业企业营业收入之比（%）	60.30	66.41
规上工业企业新产品销售收入与营业收入之比（%）	25.11	34.49
国家高新区营业收入（亿元）	2608.82	2752.22
国家高新区营业收入与地区生产总值之比（%）	83.39	86.63
地区生产总值（亿元）	3128.35	3176.94
人均地区生产总值（万元/人）	7.67	7.71
城乡居民人均可支配收入之比	2.54	2.43
单位地区生产总值能耗（吨标准煤/万元）	0.55	0.54
PM2.5 年平均浓度（微克/立方米）	38	29
居民人均可支配收入（万元/人）	3.74	3.85

成都市（1）

指标名称	2019 年	2020 年
全社会研发经费支出（亿元）	452.54	551.40
全社会研发经费支出与地区生产总值之比（%）	2.66	3.11
财政科技支出（亿元）	105.77	109.64
财政科技支出占公共财政支出比重（%）	5.27	5.08
万名就业人员中研发人员（人年/万人）	100.02	88.79
普通高校在校学生数（万人）	87.93	92.71
万人普通高校在校学生数（人/万人）	530	443
实际使用外资额（万美元）	1316900	730979
人均实际使用外资额（美元/人）	794.22	348.97
基础研究经费（亿元）	34.11	42.32
基础研究经费占研发经费比重（%）	7.54	7.67
“双一流”建设学科数（个）	13	13
国家级科技成果奖数（项当量）	111.37	83.58
规上工业企业研发经费支出（亿元）	153.04	170.60
规上工业企业研发经费支出与营业收入之比（%）	1.09	1.14
科创板上市企业数（家）	11	16
北交所主板上市企业数（家）	—	2
高新技术企业数（家）	4078	6039

成都市（2）

指标名称	2019 年	2020 年
发明专利拥有量（件）	42046	50258
万人发明专利拥有量（件/万人）	25.36	23.99
技术输出合同成交额（亿元）	1152.40	1144.52
技术输出合同成交额与地区生产总值之比（%）	6.77	6.46
技术输入合同成交额（亿元）	501.58	520.99
技术输入合同成交额与地区生产总值之比（%）	2.95	2.94
国家级科技企业孵化器、大学科技园、双创示范基地数（个）	67	77
国家级科技企业孵化器、大学科技园新增在孵企业数（家）	806	820
高新技术企业营业收入与规上工业企业营业收入之比（%）	48.17	63.65
规上工业企业新产品销售收入与营业收入之比（%）	11.25	12.46
国家高新区营业收入（亿元）	7032.40	9042.08
国家高新区营业收入与地区生产总值之比（%）	41.34	51.04
地区生产总值（亿元）	17012.65	17716.67
人均地区生产总值（万元/人）	10.26	8.57
城乡居民人均可支配收入之比	1.88	1.84
单位地区生产总值能耗（吨标准煤/万元）	0.37	0.31
PM2.5 年平均浓度（微克/立方米）	43	41
居民人均可支配收入（万元/人）	4.59	4.86

德阳市（1）

指标名称	2019 年	2020 年
全社会研发经费支出（亿元）	67.84	76.95
全社会研发经费支出与地区生产总值之比（%）	2.90	3.20
财政科技支出（亿元）	3.44	4.29
财政科技支出占公共财政支出比重（%）	1.19	1.39
万名就业人员中研发人员（人年/万人）	52.13	57.98
普通高校在校学生数（万人）	11.97	13.24
万人普通高校在校学生数（人/万人）	336	383
实际使用外资额（万美元）	12400	33180
人均实际使用外资额（美元/人）	34.82	95.98
基础研究经费（亿元）	2.27	2.30
基础研究经费占研发经费比重（%）	3.35	2.99
“双一流”建设学科数（个）	0	0
国家级科技成果奖数（项当量）	3.39	0
规上工业企业研发经费支出（亿元）	40.06	40.45
规上工业企业研发经费支出与营业收入之比（%）	1.18	1.21
科创板上市企业数（家）	0	0
北交所主板上市企业数（家）	—	0
高新技术企业数（家）	204	260

德阳市（2）

指标名称	2019 年	2020 年
发明专利拥有量（件）	2092	2343
万人发明专利拥有量（件/万人）	5.87	6.78
技术输出合同成交额（亿元）	7.94	28.38
技术输出合同成交额与地区生产总值之比（%）	0.34	1.18
技术输入合同成交额（亿元）	18.15	21.60
技术输入合同成交额与地区生产总值之比（%）	0.78	0.90
国家级科技企业孵化器、大学科技园、双创示范基地数（个）	3	3
国家级科技企业孵化器、大学科技园新增在孵企业数（家）	11	13
高新技术企业营业收入与规上工业企业营业收入之比（%）	15.39	22.83
规上工业企业新产品销售收入与营业收入之比（%）	9.06	11.76
国家高新区营业收入（亿元）	566.84	615.33
国家高新区营业收入与地区生产总值之比（%）	24.27	25.59
地区生产总值（亿元）	2335.91	2404.13
人均地区生产总值（万元/人）	6.56	6.94
城乡居民人均可支配收入之比	2.04	1.99
单位地区生产总值能耗（吨标准煤/万元）	0.52	0.59
PM2.5 年平均浓度（微克/立方米）	40	37
居民人均可支配收入（万元/人）	3.72	3.94

绵阳市（1）

指标名称	2019 年	2020 年
全社会研发经费支出（亿元）	186.26	215.04
全社会研发经费支出与地区生产总值之比（%）	6.52	7.14
财政科技支出（亿元）	14.36	8.07
财政科技支出占公共财政支出比重（%）	3.17	1.81
万名就业人员中研发人员（人年/万人）	99.93	104.71
普通高校在校学生数（万人）	15.67	15.25
万人普通高校在校学生数（人/万人）	321	313
实际使用外资额（万美元）	17951	2954
人均实际使用外资额（美元/人）	36.81	6.06
基础研究经费（亿元）	8.78	7.97
基础研究经费占研发经费比重（%）	4.71	3.71
“双一流”建设学科数（个）	0	0
国家级科技成果奖数（项当量）	3.14	0
规上工业企业研发经费支出（亿元）	54.90	58.06
规上工业企业研发经费支出与营业收入之比（%）	1.82	1.80
科创板上市企业数（家）	0	0
北交所主板上市企业数（家）	—	1
高新技术企业数（家）	340	443

绵阳市（2）

指标名称	2019 年	2020 年
发明专利拥有量（件）	5934	7018
万人发明专利拥有量（件/万人）	12.17	14.41
技术输出合同成交额（亿元）	13.33	14.02
技术输出合同成交额与地区生产总值之比（%）	0.47	0.47
技术输入合同成交额（亿元）	16.24	32.76
技术输入合同成交额与地区生产总值之比（%）	0.57	1.09
国家级科技企业孵化器、大学科技园、双创示范基地数（个）	14	17
国家级科技企业孵化器、大学科技园新增在孵企业数（家）	91	127
高新技术企业营业收入与规上工业企业营业收入之比（%）	17.37	19.35
规上工业企业新产品销售收入与营业收入之比（%）	22.15	24.22
国家高新区营业收入（亿元）	1504.93	1640.25
国家高新区营业收入与地区生产总值之比（%）	52.69	54.49
地区生产总值（亿元）	2856.20	3010.08
人均地区生产总值（万元/人）	5.86	6.19
城乡居民人均可支配收入之比	2.11	2.06
单位地区生产总值能耗（吨标准煤/万元）	0.46	0.44
PM2.5 年平均浓度（微克/立方米）	36	34
居民人均可支配收入（万元/人）	3.75	3.97

贵阳市（1）

指标名称	2019 年	2020 年
全社会研发经费支出（亿元）	71.21	74.07
全社会研发经费支出与地区生产总值之比（%）	1.76	1.72
财政科技支出（亿元）	28.46	25.73
财政科技支出占公共财政支出比重（%）	3.96	3.79
万名就业人员中研发人员（人年/万人）	65.11	60.33
普通高校在校学生数（万人）	41.11	44.02
万人普通高校在校学生数（人/万人）	827	735
实际使用外资额（万美元）	178000	29301
人均实际使用外资额（美元/人）	358.05	48.92
基础研究经费（亿元）	10.27	9.77
基础研究经费占研发经费比重（%）	14.42	13.20
“双一流”建设学科数（个）	1	1
国家级科技成果奖数（项当量）	18.75	11.20
规上工业企业研发经费支出（亿元）	32.43	35.62
规上工业企业研发经费支出与营业收入之比（%）	1.37	1.75
科创板上市企业数（家）	1	3
北交所主板上市企业数（家）	—	0
高新技术企业数（家）	1062	1246

贵阳市（2）

指标名称	2019年	2020年
发明专利拥有量（件）	6828	7547
万人发明专利拥有量（件/万人）	13.73	12.60
技术输出合同成交额（亿元）	135.76	119.44
技术输出合同成交额与地区生产总值之比（%）	3.36	2.77
技术输入合同成交额（亿元）	223.12	156.74
技术输入合同成交额与地区生产总值之比（%）	5.52	3.64
国家级科技企业孵化器、大学科技园、双创示范基地数（个）	24	26
国家级科技企业孵化器、大学科技园新增在孵企业数（家）	227	188
高新技术企业营业收入与规上工业企业营业收入之比（%）	68.38	89.49
规上工业企业新产品销售收入与营业收入之比（%）	11.56	14.08
国家高新区营业收入（亿元）	2468.55	2690.34
国家高新区营业收入与地区生产总值之比（%）	61.11	62.40
地区生产总值（亿元）	4039.60	4311.65
人均地区生产总值（万元/人）	8.13	7.22
城乡居民人均可支配收入之比	2.21	2.16
单位地区生产总值能耗（吨标准煤/万元）	0.61	0.52
PM2.5年平均浓度（微克/立方米）	27	23
居民人均可支配收入（万元/人）	3.82	4.03

遵义市（1）

指标名称	2019 年	2020 年
全社会研发经费支出（亿元）	12.72	19.14
全社会研发经费支出与地区生产总值之比（%）	0.37	0.51
财政科技支出（亿元）	10.96	10.88
财政科技支出占公共财政支出比重（%）	1.47	1.44
万名就业人员中研发人员（人年/万人）	10.13	11.62
普通高校在校学生数（万人）	8.39	10.93
万人普通高校在校学生数（人/万人）	133	166
实际使用外资额（万美元）	43542	106
人均实际使用外资额（美元/人）	69.09	0.16
基础研究经费（亿元）	0.96	1.39
基础研究经费占研发经费比重（%）	7.56	7.27
“双一流”建设学科数（个）	0	0
国家级科技成果奖数（项当量）	1.58	0
规上工业企业研发经费支出（亿元）	11.97	15.87
规上工业企业研发经费支出与营业收入之比（%）	0.61	0.82
科创板上市企业数（家）	0	0
北交所主板上市企业数（家）	—	0
高新技术企业数（家）	201	206

遵义市（2）

指标名称	2019 年	2020 年
发明专利拥有量（件）	1874	2311
万人发明专利拥有量（件/万人）	2.97	3.50
技术输出合同成交额（亿元）	25.26	26.15
技术输出合同成交额与地区生产总值之比（%）	0.73	0.70
技术输入合同成交额（亿元）	43.46	34.21
技术输入合同成交额与地区生产总值之比（%）	1.25	0.92
国家级科技企业孵化器、大学科技园、双创示范基地数（个）	4	4
国家级科技企业孵化器、大学科技园新增在孵企业数（家）	23	34
高新技术企业营业收入与规上工业企业营业收入之比（%）	20.12	17.13
规上工业企业新产品销售收入与营业收入之比（%）	11.46	12.99
国家高新区营业收入（亿元）	0	0
国家高新区营业收入与地区生产总值之比（%）	0	0
地区生产总值（亿元）	3483.32	3720.05
人均地区生产总值（万元/人）	5.53	5.63
城乡居民人均可支配收入之比	2.61	2.53
单位地区生产总值能耗（吨标准煤/万元）	0.55	0.49
PM2.5 年平均浓度（微克/立方米）	22	20
居民人均可支配收入（万元/人）	3.54	3.72

昆明市（1）

指标名称	2019 年	2020 年
全社会研发经费支出（亿元）	112.05	120.86
全社会研发经费支出与地区生产总值之比（%）	1.73	1.79
财政科技支出（亿元）	18.87	16.88
财政科技支出占公共财政支出比重（%）	2.30	1.93
万名就业人员中研发人员（人年/万人）	62.11	65.31
普通高校在校学生数（万人）	62.26	69.80
万人普通高校在校学生数（人/万人）	896	825
实际使用外资额（万美元）	64861	66200
人均实际使用外资额（美元/人）	93.33	78.22
基础研究经费（亿元）	15.99	20.91
基础研究经费占研发经费比重（%）	14.27	17.30
“双一流”建设学科数（个）	2	2
国家级科技成果奖数（项当量）	15.05	21.19
规上工业企业研发经费支出（亿元）	44.21	45.45
规上工业企业研发经费支出与营业收入之比（%）	0.91	0.96
科创板上市企业数（家）	0	0
北交所主板上市企业数（家）	—	2
高新技术企业数（家）	1015	1161

昆明市（2）

指标名称	2019 年	2020 年
发明专利拥有量（件）	10240	11842
万人发明专利拥有量（件/万人）	14.73	13.99
技术输出合同成交额（亿元）	68.21	34.95
技术输出合同成交额与地区生产总值之比（%）	1.05	0.52
技术输入合同成交额（亿元）	97.42	153.24
技术输入合同成交额与地区生产总值之比（%）	1.50	2.28
国家级科技企业孵化器、大学科技园、双创示范基地数（个）	36	41
国家级科技企业孵化器、大学科技园新增在孵企业数（家）	273	254
高新技术企业营业收入与规上工业企业营业收入之比（%）	51.69	62.79
规上工业企业新产品销售收入与营业收入之比（%）	7.28	12.00
国家高新区营业收入（亿元）	2267.56	2492.69
国家高新区营业收入与地区生产总值之比（%）	35.02	37.02
地区生产总值（亿元）	6475.88	6733.79
人均地区生产总值（万元/人）	9.32	8.06
城乡居民人均可支配收入之比	2.83	2.71
单位地区生产总值能耗（吨标准煤/万元）	0.36	0.39
PM2.5 年平均浓度（微克/立方米）	26	24
居民人均可支配收入（万元/人）	4.63	4.80

玉溪市（1）

指标名称	2019 年	2020 年
全社会研发经费支出（亿元）	20.22	23.41
全社会研发经费支出与地区生产总值之比（%）	1.04	1.14
财政科技支出（亿元）	3.78	9.77
财政科技支出占公共财政支出比重（%）	1.29	3.24
万名就业人员中研发人员（人年/万人）	29.24	36.00
普通高校在校学生数（万人）	1.92	2.13
万人普通高校在校学生数（人/万人）	80	95
实际使用外资额（万美元）	1003	200
人均实际使用外资额（美元/人）	4.20	0.89
基础研究经费（亿元）	0.16	0.29
基础研究经费占研发经费比重（%）	0.78	1.22
“双一流”建设学科数（个）	0	0
国家级科技成果奖数（项当量）	0	0
规上工业企业研发经费支出（亿元）	18.44	20.84
规上工业企业研发经费支出与营业收入之比（%）	1.06	1.21
科创板上市企业数（家）	0	0
北交所主板上市企业数（家）	—	0
高新技术企业数（家）	98	135

玉溪市（2）

指标名称	2019 年	2020 年
发明专利拥有量（件）	890	981
万人发明专利拥有量（件/万人）	3.73	4.36
技术输出合同成交额（亿元）	4.35	3.16
技术输出合同成交额与地区生产总值之比（%）	0.22	0.15
技术输入合同成交额（亿元）	2.82	2.92
技术输入合同成交额与地区生产总值之比（%）	0.14	0.14
国家级科技企业孵化器、大学科技园、双创示范基地数（个）	2	4
国家级科技企业孵化器、大学科技园新增在孵企业数（家）	0	34
高新技术企业营业收入与规上工业企业营业收入之比（%）	20.50	27.80
规上工业企业新产品销售收入与营业收入之比（%）	9.16	11.16
国家高新区营业收入（亿元）	983.54	976.29
国家高新区营业收入与地区生产总值之比（%）	50.45	47.44
地区生产总值（亿元）	1949.71	2058.14
人均地区生产总值（万元/人）	8.16	9.13
城乡居民人均可支配收入之比	2.59	2.50
单位地区生产总值能耗（吨标准煤/万元）	0.68	0.67
PM2.5 年平均浓度（微克/立方米）	23	20
居民人均可支配收入（万元/人）	4.07	4.21

拉萨市（1）

指标名称	2019 年	2020 年
全社会研发经费支出（亿元）	0.37	0.39
全社会研发经费支出与地区生产总值之比（%）	0.06	0.06
财政科技支出（亿元）	2.32	2.63
财政科技支出占公共财政支出比重（%）	0.64	0.75
万名就业人员中研发人员（人年/万人）	35.83	50.44
普通高校在校学生数（万人）	2.09	2.27
万人普通高校在校学生数（人/万人）	291	260
实际使用外资额（万美元）	0	0
人均实际使用外资额（美元/人）	0	0
基础研究经费（亿元）	0.01	0.06
基础研究经费占研发经费比重（%）	3.93	15.50
“双一流”建设学科数（个）	1	1
国家级科技成果奖数（项当量）	1.17	0.48
规上工业企业研发经费支出（亿元）	0.28	0.45
规上工业企业研发经费支出与营业收入之比（%）	0.14	0.20
科创板上市企业数（家）	0	0
北交所主板上市企业数（家）	—	0
高新技术企业数（家）	58	78

拉萨市（2）

指标名称	2019 年	2020 年
发明专利拥有量（件）	564	636
万人发明专利拥有量（件/万人）	7.83	7.31
技术输出合同成交额（亿元）	0.96	0.68
技术输出合同成交额与地区生产总值之比（%）	0.16	0.10
技术输入合同成交额（亿元）	96.04	29.22
技术输入合同成交额与地区生产总值之比（%）	15.54	4.31
国家级科技企业孵化器、大学科技园、双创示范基地数（个）	4	6
国家级科技企业孵化器、大学科技园新增在孵企业数（家）	6	4
高新技术企业营业收入与规上工业企业营业收入之比（%）	77.75	78.43
规上工业企业新产品销售收入与营业收入之比（%）	0	0
国家高新区营业收入（亿元）	0	0
国家高新区营业收入与地区生产总值之比（%）	0	0
地区生产总值（亿元）	617.88	678.16
人均地区生产总值（万元/人）	8.57	7.94
城乡居民人均可支配收入之比	2.45	1.56
单位地区生产总值能耗（吨标准煤/万元）	0.12	0.14
PM2.5 年平均浓度（微克/立方米）	12	12
居民人均可支配收入（万元/人）	3.97	4.36

西安市（1）

指标名称	2019 年	2020 年
全社会研发经费支出（亿元）	481.76	506.06
全社会研发经费支出与地区生产总值之比（%）	5.17	5.05
财政科技支出（亿元）	34.79	23.27
财政科技支出占公共财政支出比重（%）	2.79	1.73
万名就业人员中研发人员（人年/万人）	143.16	138.68
普通高校在校学生数（万人）	87.14	78.39
万人普通高校在校学生数（人/万人）	854	605
实际使用外资额（万美元）	705738	767702
人均实际使用外资额（美元/人）	691.66	592.36
基础研究经费（亿元）	30.07	34.63
基础研究经费占研发经费比重（%）	6.24	6.84
“双一流”建设学科数（个）	16	18
国家级科技成果奖数（项当量）	125.49	122.33
规上工业企业研发经费支出（亿元）	154.16	157.05
规上工业企业研发经费支出与营业收入之比（%）	2.59	2.53
科创板上市企业数（家）	5	9
北交所主板上市企业数（家）	—	3
高新技术企业数（家）	3661	5168

西安市（2）

指标名称	2019 年	2020 年
发明专利拥有量（件）	41727	49793
万人发明专利拥有量（件/万人）	40.89	38.42
技术输出合同成交额（亿元）	1364.00	1648.56
技术输出合同成交额与地区生产总值之比（%）	14.63	16.45
技术输入合同成交额（亿元）	501.85	661.59
技术输入合同成交额与地区生产总值之比（%）	5.38	6.60
国家级科技企业孵化器、大学科技园、双创示范基地数（个）	81	99
国家级科技企业孵化器、大学科技园新增在孵企业数（家）	446	395
高新技术企业营业收入与规上工业企业营业收入之比（%）	105.12	123.10
规上工业企业新产品销售收入与营业收入之比（%）	26.01	25.87
国家高新区营业收入（亿元）	11640.34	8514.35
国家高新区营业收入与地区生产总值之比（%）	124.88	84.97
地区生产总值（亿元）	9321.19	10020.39
人均地区生产总值（万元/人）	9.14	7.92
城乡居民人均可支配收入之比	2.87	2.74
单位地区生产总值能耗（吨标准煤/万元）	0.31	0.31
PM2.5 年平均浓度（微克/立方米）	57	51
居民人均可支配收入（万元/人）	4.19	4.32

宝鸡市（1）

指标名称	2019 年	2020 年
全社会研发经费支出（亿元）	25.28	29.78
全社会研发经费支出与地区生产总值之比（%）	1.14	1.31
财政科技支出（亿元）	8.18	5.41
财政科技支出占公共财政支出比重（%）	2.33	1.49
万名就业人员中研发人员（人年/万人）	36.85	45.52
普通高校在校学生数（万人）	5.03	4.64
万人普通高校在校学生数（人/万人）	134	140
实际使用外资额（万美元）	11088	12916
人均实际使用外资额（美元/人）	29.48	38.90
基础研究经费（亿元）	0.41	0.33
基础研究经费占研发经费比重（%）	1.62	1.12
“双一流”建设学科数（个）	0	0
国家级科技成果奖数（项当量）	0	0
规上工业企业研发经费支出（亿元）	23.85	28.36
规上工业企业研发经费支出与营业收入之比（%）	0.83	0.97
科创板上市企业数（家）	0	1
北交所主板上市企业数（家）	—	0
高新技术企业数（家）	210	293

宝鸡市（2）

指标名称	2019 年	2020 年
发明专利拥有量（件）	1208	1350
万人发明专利拥有量（件/万人）	3.21	4.07
技术输出合同成交额（亿元）	32.91	32.60
技术输出合同成交额与地区生产总值之比（%）	1.48	1.43
技术输入合同成交额（亿元）	26.27	37.17
技术输入合同成交额与地区生产总值之比（%）	1.18	1.63
国家级科技企业孵化器、大学科技园、双创示范基地数（个）	6	6
国家级科技企业孵化器、大学科技园新增在孵企业数（家）	46	42
高新技术企业营业收入与规上工业企业营业收入之比（%）	40.89	43.46
规上工业企业新产品销售收入与营业收入之比（%）	14.39	14.43
国家高新区营业收入（亿元）	2166.95	2293.81
国家高新区营业收入与地区生产总值之比（%）	97.44	100.74
地区生产总值（亿元）	2223.81	2276.95
人均地区生产总值（万元/人）	5.91	6.77
城乡居民人均可支配收入之比	2.63	2.55
单位地区生产总值能耗（吨标准煤/万元）	0.46	0.44
PM2.5 年平均浓度（微克/立方米）	44	47
居民人均可支配收入（万元/人）	3.44	3.62

汉中市（1）

指标名称	2019 年	2020 年
全社会研发经费支出（亿元）	16.41	22.32
全社会研发经费支出与地区生产总值之比（%）	1.06	1.40
财政科技支出（亿元）	9.18	2.74
财政科技支出占公共财政支出比重（%）	2.39	0.74
万名就业人员中研发人员（人年/万人）	19.48	21.23
普通高校在校学生数（万人）	4.14	4.03
万人普通高校在校学生数（人/万人）	120	126
实际使用外资额（万美元）	5427	7912
人均实际使用外资额（美元/人）	15.79	24.65
基础研究经费（亿元）	0.22	0.30
基础研究经费占研发经费比重（%）	1.34	1.36
“双一流”建设学科数（个）	0	0
国家级科技成果奖数（项当量）	0	0.98
规上工业企业研发经费支出（亿元）	15.88	21.72
规上工业企业研发经费支出与营业收入之比（%）	1.27	1.75
科创板上市企业数（家）	0	0
北交所主板上市企业数（家）	—	0
高新技术企业数（家）	55	74

汉中市（2）

指标名称	2019 年	2020 年
发明专利拥有量（件）	468	563
万人发明专利拥有量（件/万人）	1.36	1.75
技术输出合同成交额（亿元）	5.05	5.36
技术输出合同成交额与地区生产总值之比（%）	0.33	0.34
技术输入合同成交额（亿元）	9.97	15.56
技术输入合同成交额与地区生产总值之比（%）	0.64	0.98
国家级科技企业孵化器、大学科技园、双创示范基地数（个）	0	1
国家级科技企业孵化器、大学科技园新增在孵企业数（家）	0	13
高新技术企业营业收入与规上工业企业营业收入之比（%）	12.90	14.65
规上工业企业新产品销售收入与营业收入之比（%）	9.97	12.93
国家高新区营业收入（亿元）	0	0
国家高新区营业收入与地区生产总值之比（%）	0	0
地区生产总值（亿元）	1547.59	1593.40
人均地区生产总值（万元/人）	4.50	4.92
城乡居民人均可支配收入之比	2.96	2.88
单位地区生产总值能耗（吨标准煤/万元）	0.45	0.60
PM2.5 年平均浓度（微克/立方米）	42	28
居民人均可支配收入（万元/人）	3.28	3.44

兰州市（1）

指标名称	2019 年	2020 年
全社会研发经费支出（亿元）	63.92	61.21
全社会研发经费支出与地区生产总值之比（%）	2.25	2.12
财政科技支出（亿元）	7.89	7.61
财政科技支出占公共财政支出比重（%）	1.73	1.56
万名就业人员中研发人员（人年/万人）	70.61	70.97
普通高校在校学生数（万人）	35.80	39.09
万人普通高校在校学生数（人/万人）	944	894
实际使用外资额（万美元）	7483	6293
人均实际使用外资额（美元/人）	19.74	14.39
基础研究经费（亿元）	16.50	14.04
基础研究经费占研发经费比重（%）	25.81	22.93
“双一流”建设学科数（个）	4	4
国家级科技成果奖数（项当量）	26.75	24.79
规上工业企业研发经费支出（亿元）	18.53	19.11
规上工业企业研发经费支出与营业收入之比（%）	0.75	0.77
科创板上市企业数（家）	0	0
北交所主板上市企业数（家）	—	0
高新技术企业数（家）	569	644

兰州市（2）

指标名称	2019 年	2020 年
发明专利拥有量（件）	4897	5635
万人发明专利拥有量（件/万人）	12.92	12.89
技术输出合同成交额（亿元）	65.02	75.88
技术输出合同成交额与地区生产总值之比（%）	2.29	2.63
技术输入合同成交额（亿元）	77.94	116.63
技术输入合同成交额与地区生产总值之比（%）	2.75	4.04
国家级科技企业孵化器、大学科技园、双创示范基地数（个）	31	36
国家级科技企业孵化器、大学科技园新增在孵企业数（家）	235	278
高新技术企业营业收入与规上工业企业营业收入之比（%）	38.26	48.59
规上工业企业新产品销售收入与营业收入之比（%）	7.71	8.07
国家高新区营业收入（亿元）	1822.67	2026.59
国家高新区营业收入与地区生产总值之比（%）	64.24	70.20
地区生产总值（亿元）	2837.36	2886.74
人均地区生产总值（万元/人）	7.48	6.67
城乡居民人均可支配收入之比	2.80	2.74
单位地区生产总值能耗（吨标准煤/万元）	0.62	0.54
PM2.5 年平均浓度（微克/立方米）	36	34
居民人均可支配收入（万元/人）	3.81	4.02

西宁市（1）

指标名称	2019 年	2020 年
全社会研发经费支出（亿元）	17.07	16.39
全社会研发经费支出与地区生产总值之比（%）	1.29	1.19
财政科技支出（亿元）	2.02	2.29
财政科技支出占公共财政支出比重（%）	0.61	0.70
万名就业人员中研发人员（人年/万人）	31.75	26.85
普通高校在校学生数（万人）	6.66	8.34
万人普通高校在校学生数（人/万人）	279	338
实际使用外资额（万美元）	7565	205
人均实际使用外资额（美元/人）	31.69	0.83
基础研究经费（亿元）	2.11	1.82
基础研究经费占研发经费比重（%）	12.33	11.12
“双一流”建设学科数（个）	1	1
国家级科技成果奖数（项当量）	0	2.38
规上工业企业研发经费支出（亿元）	5.90	6.54
规上工业企业研发经费支出与营业收入之比（%）	0.42	0.44
科创板上市企业数（家）	0	0
北交所主板上市企业数（家）	—	0
高新技术企业数（家）	143	161

西宁市（2）

指标名称	2019 年	2020 年
发明专利拥有量（件）	1365	1534
万人发明专利拥有量（件/万人）	5.72	6.22
技术输出合同成交额（亿元）	8.19	9.75
技术输出合同成交额与地区生产总值之比（%）	0.62	0.71
技术输入合同成交额（亿元）	55.87	47.54
技术输入合同成交额与地区生产总值之比（%）	4.21	3.46
国家级科技企业孵化器、大学科技园、双创示范基地数（个）	16	21
国家级科技企业孵化器、大学科技园新增在孵企业数（家）	65	78
高新技术企业营业收入与规上工业企业营业收入之比（%）	34.83	35.79
规上工业企业新产品销售收入与营业收入之比（%）	7.44	12.01
国家高新区营业收入（亿元）	60.26	65.78
国家高新区营业收入与地区生产总值之比（%）	4.54	4.79
地区生产总值（亿元）	1327.82	1373.00
人均地区生产总值（万元/人）	5.56	5.44
城乡居民人均可支配收入之比	2.77	2.74
单位地区生产总值能耗（吨标准煤/万元）	1.65	1.56
PM2.5 年平均浓度（微克/立方米）	34	35
居民人均可支配收入（万元/人）	3.48	3.70

银川市（1）

指标名称	2019 年	2020 年
全社会研发经费支出（亿元）	30.69	31.62
全社会研发经费支出与地区生产总值之比（%）	1.62	1.61
财政科技支出（亿元）	8.78	6.45
财政科技支出占公共财政支出比重（%）	2.53	1.94
万名就业人员中研发人员（人年/万人）	29.91	67.40
普通高校在校学生数（万人）	11.12	11.99
万人普通高校在校学生数（人/万人）	485	419
实际使用外资额（万美元）	20023	8306
人均实际使用外资额（美元/人）	87.32	29.02
基础研究经费（亿元）	2.54	2.65
基础研究经费占研发经费比重（%）	8.27	8.38
“双一流”建设学科数（个）	1	1
国家级科技成果奖数（项当量）	0	9.18
规上工业企业研发经费支出（亿元）	23.64	25.80
规上工业企业研发经费支出与营业收入之比（%）	1.19	1.25
科创板上市企业数（家）	0	0
北交所主板上市企业数（家）	—	1
高新技术企业数（家）	118	155

银川市（2）

指标名称	2019 年	2020 年
发明专利拥有量（件）	2123	2385
万人发明专利拥有量（件/万人）	9.26	8.33
技术输出合同成交额（亿元）	8.83	10.25
技术输出合同成交额与地区生产总值之比（%）	0.47	0.52
技术输入合同成交额（亿元）	37.37	77.26
技术输入合同成交额与地区生产总值之比（%）	1.97	3.93
国家级科技企业孵化器、大学科技园、双创示范基地数（个）	9	14
国家级科技企业孵化器、大学科技园新增在孵企业数（家）	26	62
高新技术企业营业收入与规上工业企业营业收入之比（%）	13.60	15.12
规上工业企业新产品销售收入与营业收入之比（%）	11.56	11.38
国家高新区营业收入（亿元）	90.10	128.31
国家高新区营业收入与地区生产总值之比（%）	4.75	6.53
地区生产总值（亿元）	1896.79	1964.37
人均地区生产总值（万元/人）	8.27	6.86
城乡居民人均可支配收入之比	2.50	2.40
单位地区生产总值能耗（吨标准煤/万元）	2.12	2.14
PM2.5 年平均浓度（微克/立方米）	31	36
居民人均可支配收入（万元/人）	3.82	3.94

乌鲁木齐市（1）

指标名称	2019 年	2020 年
全社会研发经费支出（亿元）	11.39	37.44
全社会研发经费支出与地区生产总值之比（%）	0.33	1.12
财政科技支出（亿元）	10.08	9.73
财政科技支出占公共财政支出比重（%）	1.63	1.81
万名就业人员中研发人员（人年/万人）	10.27	9.26
普通高校在校学生数（万人）	21.22	23.76
万人普通高校在校学生数（人/万人）	597	586
实际使用外资额（万美元）	665	12986
人均实际使用外资额（美元/人）	1.87	32.03
基础研究经费（亿元）	5.65	7.08
基础研究经费占研发经费比重（%）	49.65	18.90
“双一流”建设学科数（个）	3	3
国家级科技成果奖数（项当量）	2.41	10.39
规上工业企业研发经费支出（亿元）	8.20	20.38
规上工业企业研发经费支出与营业收入之比（%）	0.30	0.67
科创板上市企业数（家）	0	0
北交所主板上市企业数（家）	—	0
高新技术企业数（家）	336	357

乌鲁木齐市（2）

指标名称	2019 年	2020 年
发明专利拥有量（件）	3017	3204
万人发明专利拥有量（件/万人）	8.49	7.90
技术输出合同成交额（亿元）	3.03	1.87
技术输出合同成交额与地区生产总值之比（%）	0.09	0.06
技术输入合同成交额（亿元）	59.37	85.44
技术输入合同成交额与地区生产总值之比（%）	1.74	2.56
国家级科技企业孵化器、大学科技园、双创示范基地数（个）	24	31
国家级科技企业孵化器、大学科技园新增在孵企业数（家）	193	122
高新技术企业营业收入与规上工业企业营业收入之比（%）	35.28	44.21
规上工业企业新产品销售收入与营业收入之比（%）	13.24	14.99
国家高新区营业收入（亿元）	4217.89	3606.75
国家高新区营业收入与地区生产总值之比（%）	123.57	108.07
地区生产总值（亿元）	3413.26	3337.32
人均地区生产总值（万元/人）	9.61	8.23
城乡居民人均可支配收入之比	1.99	1.87
单位地区生产总值能耗（吨标准煤/万元）	0.60	0.91
PM2.5 年平均浓度（微克/立方米）	50	47
居民人均可支配收入（万元/人）	4.27	4.28

五、指标解释和数据来源说明

◎全社会研发经费支出

全社会研发经费支出是指调查单位在报告年度内用于内部开展研发活动的实际支出，包括用于研发项目（课题）活动的直接支出，以及间接用于研发活动的管理费、服务费、与研发有关的基本建设支出及外协加工费等。数据来源：国家统计局。

◎全社会研发经费支出与地区生产总值之比

计算公式：全社会研发经费支出/地区生产总值×100%。数据来源：国家统计局。

◎财政科技支出

财政科技支出是指用于科学技术方面的公共财政支出，包括科学技术管理事务、基础研究、应用研究、技术研究与开发、科技条件与服务、社会科学、科学技术普及、科技交流与合作等。数据来源：财政部。

◎财政科技支出占公共财政支出比重

财政科技支出占公共财政支出比重是指地方财政科技支出与公共财政支出之比。公共财政支出是指地方财政将筹集起来的资金进行分配使用，以满足经济建设和各项事业的需要。计算公式：财政科技支出/公共财政支出×100%。数据来源：财政部。

◎万名就业人员中研发人员

研发人员是指调查单位内部从事基础研究、应用研究和试验发展三类活动的全时人员加非全时人员按工作量折算为全时人员数的总和。就业人员是指在16周岁及以上，从事一定社会劳动并取得劳动报酬或经营收入的人员。计算公式：研发人员/就业人员数×10000。数据来源：国家统计局。

◎普通高校在校学生数

普通高校是指通过国家普通高等教育招生考试，招收高中毕业生为主要培养对象，实施高等学历教育的全日制大学、独立设置的学院、独立学院和高等专科学校、高等职业学校及其他普通高教机构。数据来源：国家统计局。

◎万人普通高校在校学生数

万人普通高校在校学生数是指普通高校在校学生数与常住人口数之比。计算公式：普通高校在校学生数/常住人口数×10000。数据来源：国家统计局。

◎实际使用外资额

实际使用外资额是指批准的合同外资的实际执行数，外国投资者根据批准外商投资企业的合同（章程）规定实际缴付的出资额和企业投资总额内外国投资者以自己的境外自有资金实际直接向企业提供的贷款。数据来源：国家统计局。

◎人均实际使用外资额

人均实际使用外资额是指实际使用外资额与常住人口数之比。计算公式：实际使用外资额/常住人口数。数据来源：国家统计局。

◎基础研究经费

基础研究经费是指用于基础研究的实际支出。基础研究是指为了获得关于现象和可观察事实的基本原理的新知识（揭示客观事物的本质、运动规律，获得新发展、新学说）而进行的实验性或理论性研究，它不以任何专门或特定的应用或使用为目的。数据来源：国家统计局。

◎基础研究经费占研发经费比重

基础研究经费占研发经费比重是指基础研究经费与研发经费之比。计算公式：基础研究经费/全社会研发经费支出×100%。数据来源：国家统计局。

◎“双一流”建设学科数

“双一流”建设学科数是指教育部、财政部、国家发展改革委按照《统筹推进世界一流大学和一流学科建设实施办法（暂行）》认定的世界一流学科。数据来源：教育部。

◎国家级科技成果奖数

国家级科技成果奖数是指国家自然科学奖、国家科学技术进步奖和国家技术发明奖按照奖项的等级（以各等级奖项所颁发的奖金金额确定等级权重）和参与单位的排序（排在前面的单位权重较高）的加权平均数。数据来源：科技部。

◎规上工业企业研发经费支出

规上工业企业研发经费支出是指年主营业务收入在2000万元以上的工业企业的研发经费支出，规上工业企业是规模以上工业企业的简称。数据来源：国家统计局。

◎规上工业企业研发经费支出与营业收入之比

营业收入是指企业确认的销售商品、提供劳务和让渡资产使用权等生产经营活动形成的经济利益流入。计算公式：规上工业企业研发经费支出/规上工业企业营业收入×100%。数据来源：国家统计局。

◎科创板上市企业数

科创板上市企业数是指在上海证券交易所科创板上市的企业数量。数据来源：上海证券交易所。

◎北交所主板上市企业数

北交所主板上市企业数是指在北京证券交易所主板上市的企业数量。数据来源：北京证券交易所。

◎高新技术企业数

高新技术企业数是指按照《高新技术企业认定管理办法》获得认定的，在《国家重点支持的高新技术领域》内，持续进行研究开发与技术成果转化，形成企业核心自主知识产权，并以此为基础开展经营活动，在中国境内（不包括港、澳、台地区）注册的居民企业数量。数据来源：科技部。

◎发明专利拥有量

发明专利拥有量是指调查单位作为专利权人在报告年度拥有的、经国内外知识产权行政部门授权且在有效期内的发明专利件数。数据来源：国家统计局。

◎万人发明专利拥有量

万人发明专利拥有量是指发明专利拥有量与常住人口数之比。计算公式：发明专利拥有量/常住人口数×10000。数据来源：国家统计局。

◎技术输出合同成交额

技术输出合同成交额是指技术市场管理办公室认定登记的、技术转让方为当地企业或机构的技术合同的合同标的金额的总和。数据来源：科技部。

◎技术输出合同成交额与地区生产总值之比

计算公式：技术输出合同成交额/地区生产总值×100%。数据来源：科技部。

◎技术输入合同成交额

技术输入合同成交额是指技术市场管理办公室认定登记的、技术受让方为当地企业或机构的技术合同的合同标的金额的总和。数据来源：科技部。

◎技术输入合同成交额与地区生产总值之比

计算公式：技术输入合同成交额/地区生产总值×100%。数据来源：科技部。

◎国家级科技企业孵化器、大学科技园、双创示范基地数

国家级科技企业孵化器是指依据《科技企业孵化器管理办法》认定的，以服务大众创新创业、促进科技成果转化、优化创新创业生态环境、培育企业家精神为宗旨，面向科技型创业企业和创业团队，提供物理空间、共享设施和专业化服务的科技创业服务载体（含众创空间）。国家大学科技园是指依据《国家大学科技园认定和管理办法》认定的，以具有较强科研实力的大学为依托，将大学的综合智力资源优势与其他社会优势资源相结合，为推动高等学校产学研结合、技术转移和科技成果转化、高新技术企业孵化、战略性新兴产业培育、创新创业人才培养、服务区域经济提供支撑的平台和服务的机构。双创示范基地是指根据《国务院办公厅关于建设大众创业万众创新示范基地的实施意见》确定的，集聚资本、人才、技术、政策等优势资源，探索形成区域性的创业创新扶持制度体系和经验的示范基地。数据来源：科技部、国家发展改革委。

◎国家级科技企业孵化器、大学科技园新增在孵企业数

国家级科技企业孵化器、大学科技园新增在孵企业数是指当年入驻国家级科技企业孵化器、大学科技园且尚未毕业的企业数量。数据来源：科技部。

◎高新技术企业营业收入与规上工业企业营业收入之比

高新技术企业营业收入是指高新技术企业经营主要业务和其他业务所确认的收入总额。计算公式：高新技术企业营业收入/规上工业企业营业收入×100%。数据来源：科技部。

◎规上工业企业新产品销售收入与营业收入之比

新产品是指采用新技术原理、新设计构思研制与生产的全新产品，或在结构、材质、工艺等某一方面比原有产品有明显改进，从而显著提高了产品性能或扩大了使用功能的产品。计算公式：规上工业企业新产品销售收入/规上工业企业营业收入×100%。数据来源：国家统计局。

◎国家高新区营业收入

国家高新区营业收入是指国家高新技术产业开发区内企业营业收入之和。国家高新技术产业开发区是指国务院批准成立的国家级科技工业园区。数据来源：科技部。

◎国家高新区营业收入与地区生产总值之比

计算公式：国家高新区营业收入/地区生产总值×100%。数据来源：科技部。

◎地区生产总值

地区生产总值是指一个地区所有常住单位在一定时期内生产活动的最终成果。数据来源：国家统计局。

◎人均地区生产总值

人均地区生产总值是指地区生产总值与常住人口数之比。计算公式：地区生产总值/常住人口数。数据来源：国家统计局。

◎城乡居民人均可支配收入之比

居民可支配收入是指居民可用于最终消费支出和储蓄的总和，即居民可用于自由支配的收入。计算公式：城镇居民可支配收入/农村居民可支配收入。数据来源：国家统计局。

◎单位地区生产总值能耗

能源消费总量是指一定地域内，国民经济各行业和居民家庭在一定时间消费的各种能源总和。计算公式：能源消费总量/地区生产总值。数据来源：国家统计局。

◎PM2.5 年平均浓度

PM2.5 年平均浓度是指一个城市在一个完整的自然年内每日 PM2.5 浓度的算术平均值。数据来源：生态环境部。

◎居民人均可支配收入

居民人均可支配收入是指居民可用于最终消费支出和储蓄的总和，即居民可用于自由支配的收入，本报告中的居民仅指城镇居民。计算公式：被调查居民可支配收入总额/被调查居民数。数据来源：国家统计局。

六、国家创新型城市名单

序号	地区	城市（区）
1	北京	海淀区
2	天津	滨海新区
3	河北	石家庄市、唐山市、秦皇岛市、邯郸市、保定市
4	山西	太原市、长治市
5	内蒙古	呼和浩特市、包头市
6	辽宁	沈阳市、大连市、营口市
7	吉林	长春市、吉林市
8	黑龙江	哈尔滨市
9	上海	杨浦区
10	江苏	南京市、无锡市、徐州市、常州市、苏州市、南通市、连云港市、淮安市、盐城市、扬州市、镇江市、泰州市、宿迁市
11	浙江	杭州市、宁波市、温州市、嘉兴市、湖州市、绍兴市、金华市、台州市
12	安徽	合肥市、芜湖市、蚌埠市、马鞍山市、铜陵市、滁州市
13	福建	福州市、厦门市、泉州市、龙岩市
14	江西	南昌市、景德镇市、萍乡市、新余市
15	山东	济南市、青岛市、淄博市、东营市、烟台市、潍坊市、济宁市、威海市、日照市、临沂市、德州市
16	河南	郑州市、洛阳市、新乡市、南阳市
17	湖北	武汉市、黄石市、宜昌市、襄阳市、荆门市
18	湖南	长沙市、株洲市、湘潭市、衡阳市
19	广东	广州市、深圳市、汕头市、佛山市、东莞市

续表

序号	地区	城市（区）
20	广西	南宁市、柳州市
21	海南	海口市
22	重庆	沙坪坝区
23	四川	成都市、德阳市、绵阳市
24	贵州	贵阳市、遵义市
25	云南	昆明市、玉溪市
26	西藏	拉萨市
27	陕西	西安市、宝鸡市、汉中市
28	甘肃	兰州市
29	宁夏	银川市
30	青海	西宁市
31	新疆	乌鲁木齐市、昌吉市、石河子市